深圳市育新学校"非对称性"教育理念成果

核心素养视域下的
数学备课新思维

杨宏英 ◎ 著

中国科学技术大学出版社

内 容 简 介

本书主要探讨如何基于核心素养导向构建备课新思维,从多个角度深入分析了有效学习的心理基础、学与教的辩证关系、备课的内涵与价值以及传统备课存在的主要问题,提出一线教师要主动适应新课程标准、适应教育数字化转型、打破传统备课惯性模式,改变教学供给侧的固有认知,创新教学形态,根据教学设计基本要素、基本原理及基本方法,形成以学科素养为核心、以学习者为中心的备课观。本书既呈现了教学设计的学教评一致性原则与基本策略,又提供了丰富翔实的教学案例,能帮助中小学数学教师解读新课标、用好新课标,促进教师教研能力的提升与专业发展。

图书在版编目(CIP)数据

核心素养视域下的数学备课新思维/杨宏英著. —合肥:中国科学技术大学出版社,2023.7

ISBN 978-7-312-05669-7

Ⅰ. 核… Ⅱ. 杨… Ⅲ. 中学数学课—教学设计 Ⅳ. G633.602

中国国家版本馆 CIP 数据核字(2023)第 087472 号

核心素养视域下的数学备课新思维

HEXIN SUYANG SHIYU XIA DE SHUXUE BEIKE XIN SIWEI

出版	中国科学技术大学出版社
	安徽省合肥市金寨路96号,230026
	http://press.ustc.edu.cn
	https://zgkxjsdxcbs.tmall.com
印刷	合肥华苑印刷包装有限公司
发行	中国科学技术大学出版社
开本	710 mm×1000 mm 1/16
印张	14.75
字数	264 千
版次	2023 年 7 月第 1 版
印次	2023 年 7 月第 1 次印刷
定价	68.00 元

前　言

备课,是教师日常教学工作的重要组成部分.教学,是一项有目的的理性行为①.备课即是为教学这一理性行为做准备.

一方课堂藏宇宙,半支粉笔绘乾坤.准备好每一节课,是教师的责任与使命.

自2020年开始,各个教育类型(普通高中教育、中职教育、义务教育)、各个学段、各个学科的新课程标准陆续出台.从宏观层面看,课程标准是国家层面指导教学改革的纲领性文件,是国家意志在教育领域的直接体现.教师要紧紧把握新课标"立德树人"与"核心素养"两个核心概念,理解并领会"为谁培养人,培养什么人,怎样培养人"的课程解决方案.从微观层面看,课程标准为教师的教学与学生的成长,提出了如学业质量标准与对学生学习结果的期望等具体的要求,教师需要反复研读新课标,遵循新课标进行课堂教学设计.

新课标在课程目标、课程内容、学业质量要求等方面的一系列变化不可避免地将引发教与学的变化.这种变化包括教学目标的设定和叙写,教学内容的选择和组织,教学活动与教学任务的设计,教学评价与教学环境的创设等,需要一线教师做出相应的调整,把学生核心素养的提升与发展贯穿教学全过程,实现新课标背景下教学的系统变革.这无疑让广大教师面临着全新的机遇与挑战:在教学中如何做到与新课标同行,正确解读新课标、适应新课标、把握新课标、用好新课标,遵循新课标

---

① 安德森.布鲁姆教育目标分类学[M].北京:外语与教学研究出版社,2019.

课程育人导向，优化课程内容结构；根据核心素养理念与学业质量标准要求，遵循"学—教—评"一致性原则进行教学设计，备好课、上好课．从这个意义上看，新一轮课程标准的学习、理解、实践及运用，不仅对学生的发展、教学质量的提升产生重要影响，而且还能推动教师反思更新自己的教学理念，促进教师的专业成长与发展．

数学新课标指出，核心素养包括三个方面：会用数学的眼光观察世界；会用数学的思维思考世界；会用数学的语言表达世界．那么数学眼光、数学思维、数学语言主要表现在哪些方面？如何培养学生的数学眼光？怎样助力学生建立数学思维？何以引导学生发展数学语言？

在新课标与教育数字化转型背景下，一线教师需要根据核心素养导向，将课堂教学与信息技术深度融合：立足学科，基于课标，指向素养．新课标是否能够落地生根，取决于教师的观念是否真正发生转变以及教师是否具备相应的备课智慧．

为此，我们不仅需要深入思考时代的要求，打破传统备课惯性模式，改变教学供给侧的固有认知，创新教学形态，主动适应新课程标准、适应教育数字化转型，还要善于学习现代教学设计理论，探索教学设计基本要素、基本原理、基本方法及基本策略，形成核心素养导向与以学习者为中心的备课观，构建符合新时代、新课标的数学备课新思维．

一、从经验驱动转向数据驱动

教学实践中，我们要避免过度依赖经验驱动，而应转向以数据驱动探寻并实现课堂教学公平．一方面，要针对课题进行课标分析，找准教与学的切入点与学习的逻辑基础，做到备课时不仅有课程标准的教学依据，而且有教学的理论支撑．另一方面，要对学情做前测调研，采集学情数据，通过数据设置课堂教学起点、数据驱动课堂教学实践、数据诊断调整学习节奏，设计体现基础性、差异性以及灵活性的学习活动．在教学信息技术的支持下，融入数字化手段进行过程性评价的同时，打破时空壁垒，为学习交互与因材施教提供更多可能．

二、从教师主体转向学生主体

聚焦教与学的方式变革,首先要尊重教育教学规律与学生身心发展规律,从传统备课中的以教师为中心转变为以学生为中心的教学设计. 真正要"让学生站在教学的 C 位",需要教师改变备课的思维模式,将"我要教什么"或"我要怎么教"以及"我要教到什么程度"转变为"学生学什么""学生怎么学""学生学到什么程度",根据"学"来设计"教",即站在"生本立场",实现从"教"到"学"的重心转移,实现对传统备课思维模式下教师为主体的超越以及备课观的改变,也即要意识到,备课不是备教师立场或教师视角的"教",而是备学生立场或学生视角的"学".

三、从学科教学转向学科教育

新课标强调课程的育人导向,将学科教学逻辑转向学科教育逻辑,将学科立场转向教育立场,即向学生发展的立场转型,体现知识的育人价值,凸显人的因素. 数学不仅是运算与推理的工具、交流与表达的语言,还是学科育人的重要载体. 数学学习的本质,是学会用数学的眼光观察世界、用数学的思维理解世界、用数学的语言表达世界. 课堂是学科教育的主阵地,数学集观察、理解与表达的过程于一体,蕴含着丰富的情绪情感体验. 数学课堂既要关注数学与生活的联系,还要在问题解决过程中,引导学生树立学习信心、领悟数学价值、欣赏数学之美,磨砺意志,培养良好学习习惯、批判反思意识以及追求真理的理性精神.

四、从知识核心转向素养核心

21 世纪初,经济合作与发展组织(OECD)率先提出了"核心素养"结构模型. 它要解决的问题是:21 世纪的学生应该具备哪些最核心的知识、能力与情感态度,才能成功地融入社会,才能在满足个人自我实现需要的同时推动社会的发展. 最新颁布的新一轮课程标准,强调核心素养为纲,课程目标为本. 知识是课程的重要组成部分,是核心素养形成的载体；强调核心素养并不是忽略知识，而是指在掌握学科知识的同时，还要帮助学习者在学习知识的过程中获得个体终身发展以及适应社会发展的必备品格、关键能力以及正确的价值观.因此，我们要将传统的以内容为导向、知识为核心的备课惯性转化为以核心素养为导向的备课新思维.核心素养是新课标的"基因"与"灵魂"，备课过程中，我们要做到"目中有人"，通过剖析知识的信息意义、技能意义、智能意义以及文化意义，引导学生通过识别信息获得方法，提升能力、凝练思想，让学习主体在课题学习中，建立起完备知识结构的同时发展数学抽象、逻辑推理、数字运算、直观想象、数据分析等数学核心素养.

杨宏英

2022 年 11 月

目　　录

前言 ·· （ⅰ）

第一章　学习与教学 ··· （ 1 ）
　第一节　学习的心理基础 ··· （ 1 ）
　第二节　思维与数学思维 ··· （ 13 ）
　第三节　数学核心素养 ·· （ 22 ）
　第四节　学与教的辩证关系 ··· （ 34 ）

第二章　备课的内涵与价值 ·· （ 36 ）
　第一节　备课的内涵 ··· （ 36 ）
　第二节　备课的价值 ··· （ 43 ）
　第三节　传统备课的主要问题 ·· （ 47 ）
　第四节　备课的视角转换 ··· （ 52 ）

第三章　核心素养视域下的备课新思维 ······································ （ 58 ）
　第一节　备课基本要素 ·· （ 58 ）
　第二节　备课基本理念 ·· （ 61 ）
　第三节　备课黄金法则 ·· （ 66 ）
　第四节　课标分析 ·· （ 74 ）
　第五节　学情分析 ·· （ 78 ）
　第六节　内容分析 ·· （ 82 ）
　第七节　目标叙写 ·· （ 97 ）

第四章　备课的基本策略 ·· （106）
　第一节　基于情境化的备课策略 ··· （108）
　第二节　基于信息技术融合的备课策略 ···································· （113）
　第三节　基于大单元或主题学习的备课策略 ····························· （124）

第四节　基于项目化学习的备课策略 ………………………………… (134)
第五节　基于"双减"的备课策略 …………………………………… (139)
第六节　基于课程思政的备课策略 …………………………………… (145)

第五章　新课标背景下的教学设计 ………………………………………… (151)
第一节　学习目标设计 ………………………………………………… (154)
第二节　学习任务设计 ………………………………………………… (160)
第三节　学习活动设计 ………………………………………………… (164)
第四节　学习过程设计 ………………………………………………… (168)
第五节　学习评价设计 ………………………………………………… (172)

第六章　案例评析 …………………………………………………………… (178)
案例1　函数的性质 …………………………………………………… (179)
案例2　两直线平行 …………………………………………………… (186)
案例3　函数的单调性 ………………………………………………… (188)
案例4　多边形面积 …………………………………………………… (201)
案例5　一个简化的等周问题 ………………………………………… (206)
案例6　中位数与众数 ………………………………………………… (208)
案例7　等腰三角形的判定 …………………………………………… (212)
案例8　分段函数的应用 ……………………………………………… (216)

参考文献 ……………………………………………………………………… (223)

后记 …………………………………………………………………………… (226)

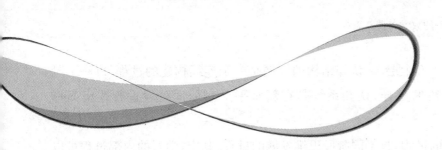

第一章 学习与教学

第一节 学习的心理基础

在学习心理学领域长期存在着两大对立理论:以华生(John Broadus Watson,1878~1958)为代表的行为主义学习理论和以布鲁纳、奥苏贝尔等为代表的认知主义学习理论.行为主义学习理论,主张用客观的、实证的方法来研究人的外显行为,抵制人的心理与意识的内省研究,如著名的巴布洛夫经典条件理论,就属于华生派.认知主义学习理论则侧重于人的认知过程的研究,其基本观点是学习心理必须研究个体的认知结构对个体行为与认识活动的决定性作用,如格式塔学习理论就属于早期广义的认知主义代表.两大理论各持一方观点形成相应的理论派系,通过比较发现,各有所长,也各有所短.

在学习理论发展的演变过程中,产生了行为-认知理论.罗伯特·加涅就是行为-认知理论的代表,他强调学习是内部心理与外部行为共同作用的结果.加涅认为,学习是指人的心理倾向与能力的变化.加涅的基于现代认知的学习理论强调学习的内部条件,包括学习者的心理状态,并把学习设想为知觉与记忆之间的一系列阶段构成的信息加工.

而根据皮亚杰认知发展理论,认识是从感知运动开始的.人的一生从 0 岁开始到成人,分别经历感知运动阶段、前运算阶段、具体运算阶段、形式运算阶段以及发展阶段五个层次.认知结构的发展是一个连续构建的过程,每一个阶段都是前一阶段的延伸,认知系统是在新水平上对前面阶段进行改组而形成的.

显然学习的过程,是不同阶段思维发展的过程.其中,学习的内部过程可以描述为①:通过感觉接收器接受刺激;通过感觉登记器登记信息;通过选择性知觉信息,以便在短时记忆中储存;通过复述在短时记忆中保存信息;为了在长时记忆中保存而对信息进行语义编码;将长时记忆中的信息提取到工作记忆中等.总之,学习与思维具有内在一致性,而人的思维过程,包括感觉、知觉、表象与记忆等内部心理活动成分,都具有心理学基础特征.

一、感觉

感觉是人的感受器对刺激物的反应,它反映刺激物的个别属性,也反映机体的内部状态.感觉包含视觉、听觉、嗅觉、味觉、触觉等.凭借感觉,人们获取有关内部与外部环境状态的信息,它是知觉的基础.

与数学学习联系紧密的是视觉和听觉.如学习圆这个课题,学习者于课堂上在教师或同伴对圆的语言描述时,通过听觉学习圆的定义,通过视觉观察到圆是由平面上到动点的距离等于定长的点形成的轨迹.这个过程,听觉接收的是抽象的静态概念,视觉接收的是动态形成过程(图 1.1).

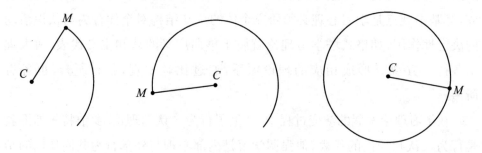

图 1.1

---

① 加涅.教学设计原理[M].上海:华东师范大学出版社,2019.

二、知觉

知觉是对作用于感觉器官的客观事物的直接反应,与感觉不同的是,知觉不是对客观事物的个别属性的反应,而是对事物的各种属性的整体反应,是人对感觉信息选择、加工和解释的过程.外部世界的许多刺激无时不在作用于人们的感官,人们倾向于有选择地输入信息,把感觉信息综合、组织起来,通过知觉的加工,就能对事物做出解释,知道它的意义,形成一个完整的印象.

知觉的基本特性有:知觉的选择性、知觉的整体性、知觉的理解性以及知觉的恒常性[①].知觉的基本特性是学习者核心素养培养与发展的重要心理基础.

(一)知觉的选择性

知觉的选择性是指知觉对外界刺激信息有选择地进行加工的特性.在实践活动中,作用于知觉器官的刺激是多种多样的.但是,由于通道的限制,人们不能感受到所有的刺激,也不能对所有的刺激做出反应,而只能选择其中的少数刺激加以反应.这部分刺激物就是知觉的对象,而同时作用于感官的其他刺激就成了知觉对象的背景.在一定条件下对象与背景可以相互转换.

如图 1.2 所示,既可以被知觉为一个奖杯,也可以被知觉为嘴唇微启相对而视的两个人.

图 1.2

知觉的选择性反映到数学上,是学习主体对数学对象关系、结构以及模式的选择.

---

① 何小亚.学与教的心理学[M].广州:华南理工大学出版社,2019.

例如,对于数列 $1,-1,1,-1,1,-1,\cdots$,学生可能知觉到数列正负号每隔一项改变的规律,也可能知觉到每一项绝对值相等的特征,还可能知觉到从第二项开始,每一项与前一项之比都为 -1,知觉的选择性与先知性经验有关.

再如,已知点 M 是 $\triangle ABC$ 中 $\angle B$ 与 $\angle C$ 的平分线交点(图 1.3),证明:

$$\angle BMC = 90° + \frac{1}{2}\angle A$$

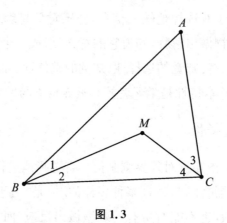

图 1.3

该问题呈现的是数学对象的关系与结构,如果知觉点 M 在 $\triangle BMC$ 中,则有 $\angle BMC=180°-\angle 2-\angle 4$;如果知觉点 M 在四边形 $ABMC$ 中,则有 $\angle BMC=360°-\angle 1-\angle 3-\angle A$,从而形成两种不同的证明思路.

思路一:在 $\triangle BMC$ 中,

$$\begin{aligned}\angle BMC &= 180°-(\angle 2+\angle 4)\\&=180°-\frac{1}{2}(\angle B+\angle C)\\&=180°-\frac{1}{2}(180°-\angle A)\\&=90°+\frac{1}{2}\angle A\end{aligned}$$

思路二:在四边形 $ABMC$ 中,

$$\begin{aligned}\angle BMC &= 360°-(\angle 1+\angle 3+\angle A)\\&=360°-\frac{1}{2}(\angle B+\angle C)-\angle A\\&=360°-\frac{1}{2}(180°-\angle A)-\angle A\end{aligned}$$

$$= 270° - \frac{1}{2}\angle A$$

两个思路,出现不同的结果,问题出在哪里呢?

在对$\angle BMC$的知觉选择性上出了问题. 在$\triangle BMC$中,$\angle BMC$是一个凸角,而在四边形$ABMC$中,$\angle BMC$是一个凹角,这一对以M为顶点的凸角与凹角之和为$360°$,所以只要对思路二做知觉转换,可以得到正确解答:

思路三:在四边形$ABMC$中,

$$\text{凹角}\angle BMC = 360° - (\angle 1 + \angle 3 + \angle A)$$
$$= 360° - \frac{1}{2}(\angle B + \angle C) - \angle A$$
$$= 360° - \frac{1}{2}(180° - \angle A) - \angle A$$
$$= 270° - \frac{1}{2}\angle A$$

故

$$\text{凸角}\angle BMC = 360° - \text{凹角}\angle BMC = 360° - (270° - \frac{1}{2}\angle A)$$
$$= 90° + \frac{1}{2}\angle A$$

【说明】 虽然一般情况下,我们在几何图形中涉及的角都是指凸角,但不能忽略对凹角的知觉选择.

知觉的选择性反映到数学学习上,是分类讨论的心理学基础与依据.

例如,下面这些图形(图1.4),可以依据不同的图形填充来划分,也可以按照形状来划分,还可以按照图形轮廓的颜色来划分.

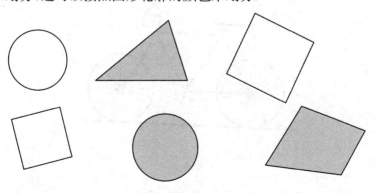

图 1.4

知觉选择性给我们的启示是,一个事物往往具有多面性,并不是非黑即白,而是取决于思考问题的视角,要学会辩证地思考问题、分析问题. 教学中,要引导学生切换视角寻找突破口. 例如,要证明$\sqrt{2}$是一个无理数,从正面突破不易,可用反证法,先假设$\sqrt{2}$是一个有理数,经过推导得出矛盾,就是一个培养知觉选择性的例子.

(二) 知觉的整体性

知觉的整体性是指人在知觉时总是把不同部分、不同属性综合为一个整体来反应. 知觉之所以具有整体性,是因为对象的各个部分或属性是作为一个整体对感官发生作用的. 当客观对象作用于人的感官时,大脑会对来自感官的信息进行加工处理,发现其属性及其相互联系,从而把对象知觉为一个整体. 知觉的整体性可以通过训练后天习得.

例如,对于公式$\sin(\alpha+\beta)=\sin\alpha\cos\beta+\cos\alpha\sin\beta$,从左往右看,可以知觉为两角和的正弦展开式. 而从右往左看,则可将$\sin\alpha\cos\beta+\cos\alpha\sin\beta$知觉为一个整体,其结果为$\sin(\alpha+\beta)$,这是数学整体思想的一个心理解释样例.

基于这种整体思想,如果能将$\sin(\alpha-\beta)\cos\beta+\cos(\alpha-\beta)\sin\beta$建立起整体知觉,可以一步到位轻松得到化简的结果为$\sin\alpha$;如果不能建立起整体知觉,而是陷入局部知觉,就需要经历繁琐的运算推理才能得到最终结果.

再如,如图1.5所示的图形是由三个圆与若干线段组成,线段与圆具有不同的几何属性,但是当这些线段与圆按照一定的顺序与连接方式组合在一起,它们就被知觉为一个作为自行车结构的整体.

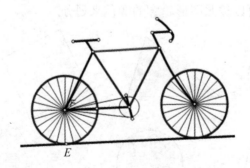

图 1.5

知觉的整体性,不只表现在结构形态上的整体性,还表现在对知觉对象关系属性的整体把握.

例如,对于如图 1.6 所示的直角三角形,基于关系的整体性知觉可以表现为边的关系、角的关系以及边角关系.

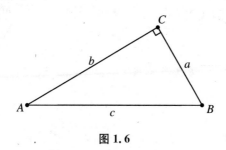

图 1.6

从边的关系看,$a^2+b^2=c^2$;

从角的关系看,$\angle A+\angle B=90°$;

从边角的关系看,

$$\sin A = \frac{a}{c}, \quad \cos A = \frac{b}{c}, \quad \tan A = \frac{a}{b}$$

$$\sin B = \frac{b}{c}, \quad \cos B = \frac{a}{c}, \quad \tan B = \frac{b}{a}$$

(三) 知觉的理解性

知觉的理解性是指人能够以主观经验去识别、匹配、解释知觉的对象. 知觉受主体的知识与经验影响,不同的知识经验会导致不同的知觉结果. 相关的知识经验越丰富,知觉的内容就越深刻、越精确. 作为知识与经验的外部刺激,言语对知觉具有引导作用,能唤起过去的经验,帮助理解知觉对象的意义. 知觉的理解性既受学习者内部认知水平与认知结构的影响,又体现出阶段性特点.

例如,怎样用直尺与三角板画出 $\angle AOB$ 的余角(图 1.7)? 学习者可能根据自己的理解作 OB 的垂线,如图 1.7(1)所示,也可能作 OA 的垂线,如图 1.7(2)所示;事实上,还可以给出第三种与第四种作法,如图 1.7(3)、图 1.7(4)所示. 作法的差异性主要体现为知觉性理解是建立在给定角的边上还是边所在的直线上,或是建立在作垂线的方向上.

又如,求如图 1.8 所示的阴影部分的面积. 显然,这是一个不规则图形面积问题,需要学习者建立几何直观,在知觉图形的基础上理解阴影部分特征,将不规则面积转化为规则图形面积,做加法或减法.

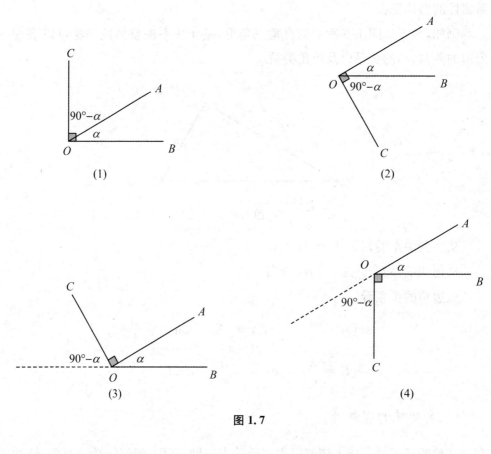

图 1.7

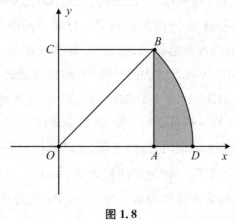

图 1.8

也即以"形"的直观呈现问题的各种信息,借助"形"(几何图形)的直观理解抽象的"数"(阴影面积),依托"形"的直观产生数量关系以及事物本质属性的感知,抓住问题的本质.

如图 1.8 所示，
$$S_{阴影} = S_{扇形OBD} - S_{Rt\triangle OAB}$$
或如图 1.9 所示，连接 BD，
$$S_{阴影} = S_{Rt\triangle BAD} + S_{弓形}$$

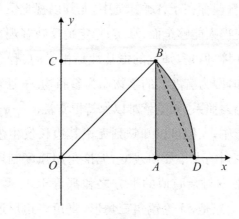

图 1.9

再者，如图 1.10 所示，对于低年级学生而言，他们的认知水平可能知觉到这是两个连接了对角线的四边形，左右两个图形都是平面图形，区别仅在于，相对于左侧的四边形，右侧这个四边形有一条对角线是虚线连接. 但对于学过立体几何的高年级学生来说，能够知觉到左侧图形是平面四边形，而右侧图形是一个空间四面体，而且这个四面体有一个侧面被挡住. 低年级学生与高年级学生的知觉差别，源于他们的知识与经验的不同. 低年级的孩子，匹配到的知觉对象来自于二维空间，高年级学生匹配到的知觉对象来自于二维与三维空间，从而出现知觉理解性差异.

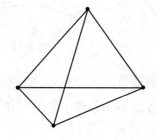 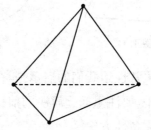

图 1.10

知觉理解性差异给我们的启示是，学习目标设计要与学情相适应，学情是备课的起点.

(四) 知觉的恒常性

知觉的恒常性是指知觉具有不随条件的变化而变化,表现出相对稳定性的特点.知觉的恒常性普遍存在于各类知觉中,尤其以视觉恒常性最为常见.

知觉的恒常性使得人能够全面、真实、稳定地反映客观事物,从而不断地适应不断变化的外部环境.但是,知觉的恒常性是相对的、有条件的,客体常常在熟悉的环境中被觉知,因为有熟悉的事物作为参照物.一旦知觉不熟悉客体,又缺乏知识经验与适当参照系,知觉就难以保持恒常性.

如在直角三角形中,人们可以知觉到无论其边长发生怎样的改变,总满足勾股定理;又如,无论角的大小如何改变,无论角用弧度制还是角度制表示,同一个角的正弦值的平方与余弦值的平方之和都等于1;再如三角形内角和定理,人们可以知觉的信息是,无论锐角三角形、直角三角形还是钝角三角形,其内角和都是180°,如图1.11所示.

但是,如果讨论三角形内角和问题,从欧式几何转变到黎曼几何当中,那么三角形内角和大于180°(图1.12),而在罗巴契夫斯基几何中,三角形内角和小于180°(图1.13).可见,参照系发生改变,就难以保持正确知觉,从而失去知觉的恒常性.

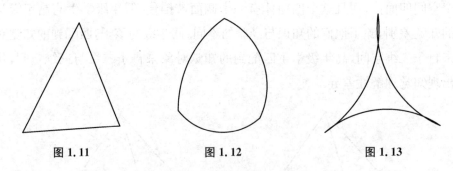

图1.11　　　　　　图1.12　　　　　　图1.13

知觉恒常性给我们的启示是,在不同的前提条件下,有不同的知觉.在数学学习过程中,要注重问题解决的前提条件或者在不同条件下解决问题要形成分类讨论的完备性方案.

比如,对于二次函数$y=ax^2+bx+c(a\neq 0)$,其顶点的纵坐标都表示为$\frac{4ac-b^2}{4a}$,但是当$a>0$时,它表示二次函数的最小值,而当$a<0$时,它表示函数

的最大值. 如果忽略前提条件,就可能出现天壤之别的错误.

三、表象

表象是人脑对当前没有作用于感官,但以前感知过的事物的形象的反应,是过去感知痕迹的再现.

如图 1.14 所示,一个认识圆柱体与圆台的人,当别人说起圆柱体与圆台时,就会在脑海里浮现出圆柱体与圆台的形象,并且懂得两者的区别在于圆台的上下底面圆半径不等,圆柱的上下底面圆半径相等.

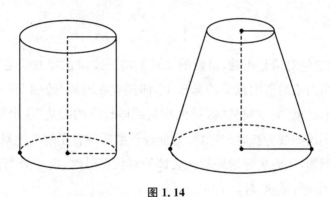

图 1.14

表象与感知形象不同.感知形象是对当前事物的直接反映,而表象是感知过的事物形象在脑海中的保持.没有感知,不可能形成表象,感知是表象的基础.正如鸟儿不懂鱼得水的酣畅,鱼儿不懂鸟的飞翔,是因为鱼与鸟的感知基础不同.对鸟儿而言,没有水中畅游的感知,就不会在脑海里形成水流的表象;对于鱼儿来说,没有空中展翅的经历,也不会形成气流的表象.

表象形成的心理机制给我们的启示是,学习者要在大脑中形成数学知识的保持,先要获得可感觉与知觉的鲜活的、具有生命力的第一手材料,在感知与实践中学习,才能真正实现做中学、用中学、创中学.

四、记忆

记忆是过去的经验在人脑中的反映.人脑感知过的事物、思考过的问题、体验过的情感、操作过的动作都会在不同程度上作为经验保留下来,经过一段时间后,在一定条件下还能重现出来.这种人脑中经验的形成、保留与重现的过程就是记忆.

例如,指数与对数的等价转换,学习者在练习中积累了"指数问题可通过对数解决、对数问题可通过指数解决"的经验,两者的等价关系很容易在适当的条件刺激下重现.

$$a^b = N \Leftrightarrow \log_a N = b \quad (a>0, a \neq 1)$$

根据感知对象在脑海中保持的时间长短,记忆有瞬时记忆、短时记忆以及长时记忆.以理解为基础的记忆,更能长时间保持.

例如,关于实数的绝对值

$$|a| = \begin{cases} -a, & a<0 \\ a, & a \geq 0 \end{cases}$$

记忆中,正数的绝对值是正数,负数的绝对值是正数,0 的绝对值是 0. 这个记忆如果建立在明白绝对值的意义的基础上,即建立在理解"数轴上一个数所对应的点与原点的距离"的本质是"数量大小与线段长度的表达"这个基础上,那么这样的记忆不仅能成为长时记忆,而且能通过数形结合了解含绝对值的问题实际上是距离问题,从而更好地理解在去掉绝对值符号时,需要分类讨论:当 $a<0$ 时,$|a|=-a$;当 $a \geq 0$ 时,$|a|=a$.

又如,已知二次函数 $y=ax^2+bx+c(a \neq 0)$ 的图像如图 1.15 所示,试化简 $|a-b+c|+|2a+b|$.

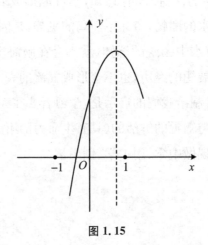

图 1.15

分析:该问题既涉及绝对值,也涉及二次函数的图像,由数形结合可知,当

$x=-1$ 时,函数值小于零,即 $a-b+c<0$;又 $a<0$ 且对称轴 $x=-\dfrac{b}{2a}\in(0,1)$,

即 $\begin{cases} a<0 \\ 0<-\dfrac{b}{2a}<1 \end{cases}$,从而 $2a+b<0$.

综上,$|a-b+c|+|2a+b|=-(a-b+c)-(2a+b)=-3a-c$.

记忆与遗忘几乎同时存在,信息输入大脑后,遗忘也就随之开始. 著名的艾宾浩斯记忆曲线揭示了记忆的规律:遗忘率随着时间的流逝先快后慢,特别是在刚刚识记的短时间里,遗忘最快. 根据记忆曲线,及时复习与定期检测有利于信息的保持,能为学习者提供有效的学习方法与知识存储意识.

需要强调的是,记忆不是目的,而是一种手段. 记忆的目的是储备认识问题、分析问题、解决问题的知识经验.

【总结】 备课过程中,既要关注学习者认知心理特征,又要尊重青少年身心发展规律. 学习者的思维心理基础,是备课新思维的起点.

第二节　思维与数学思维

一、思维及其分类

（一）思维的概念

思维,最初是人脑借助于语言对事物的概括和间接的反应过程. 思维以感知为基础,又超越感知的界限. 通常意义上的思维,涉及所有的认知与智力活动,它探索与发现事物的内部本质联系和规律性,是认识过程的高级阶段[1].

现代心理学认为,思维是一个对感知记忆的信息进行提取、整合、分解、比较、选择等一系列加工改造而得出新信息的过程. 思维是知识发生的基础,思维

---

[1] 刘颖,苏巧玲. 医学心理学[M]. 北京:中国华侨出版社,1997.

本身超越现实与实物,思维的纵深发展使认知结构也变得更加丰富和复杂.

(二)思维的分类

思维是人类所具有的高级认识活动,既是知识通达能力的桥梁,又是智力与能力的核心成分,是一个既普遍又复杂的现象,按照不同的标准,人们将思维分为不同的类型.

(1)根据思维的形式分为感觉具象思维与抽象逻辑思维;按照思维的目的性分为上升性思维、求解性思维、决断性思维;按照智力品质分为再现性思维与创造性思维.

(2)根据思维形态可分为动作思维、形象思维、抽象思维.

(3)根据思维的技巧则可进一步将思维分为:归纳思维、演绎思维、批判思维、集中思维、侧向思维、发散思维、求异思维、逆向思维、直觉思维、跳跃思维、平行思维、辩证思维、核心思维、虚拟思维、综合思维等[①].

二、数学思维、品质及其分类

(一)数学思维

数学是研究客观世界数量关系与空间形式的科学[②],数学还是研究客观世界逻辑可能的数量关系和结构关系的科学[③].数学研究的对象是数与形,从数的角度关注万象皆有的规模与秩序,从形的角度关注空间形态与结构关系.具有四重意义的数学知识连同创造数学知识的思想方法构成了数学这门学科.如果自然科学家为了证明自己的论断常常求助于实验,那么数学家证明定理只需要用推理和计算.这就是说,不仅数学的概念是抽象的、思辨的,而且数学的方法也是抽象的、思辨的[④].

皮亚杰积极关注抽象逻辑与知识的生成,在对思维与知识关系的不断追问

[①] 思维的分类.源于新浪教育.
[②] 恩格斯.马克思恩格斯选集:第三卷[M].北京:人民出版社,1970.
[③] 丁石孙.人·自然·社会[M].北京:北京大学出版社,1988.
[④] 张顺燕.数学的源与流[M].2版.北京:高等教育出版社,2000.

中,得到数学逻辑范畴与物理范畴①. 在皮亚杰看来,数学范畴是主体抽象而产生并存储于头脑中的"内源知识",是一切外部世界的认识得以形成的先行条件. 而物理范畴是主体与客体之间关系的中介范畴,是主体将自身的逻辑数学范畴应用于或归因于课题的结果,是"外显知识". 逻辑数学思维与物理思维的一并运动被解释为知识或思维发生的过程②. 数学思维则是以数学物象为思维对象,以数学符号为思维载体,以认识和解释数学规律(如模式与秩序、结构与关系)为目的的一种思维,兼具抽象性、形象性与创新性.

例如,基于三角形中边与角为研究对象,等腰三角形的判定定理是将三角形中角的关系转化为边的关系的一个重要途径,是证明线段相等的思维方法.

已知△ABC中∠B=∠C,求证:AB=AC.

如图 1.16 所示,研究对象是三角形,将角的关系转化为边的关系.

内源知识:要证明两边相等,需构建全等三角形.

外显知识:取边 BC 的中点 D,连接 AD,对于△ABD 与△ACD,有两边相等以及其中一条边所对的角相等,属于"边边角",无法证明△ABD≌△ACD.

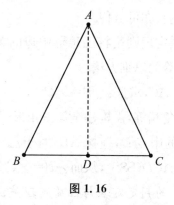

图 1.16

下面以其中的一个证明方法呈现数学思维过程.

如图 1.17 所示,可以过点 D 作 AB 与 AC 的垂线,垂足分别为 E 与 F,则在 Rt△BDE 与 Rt△CDF 中,由于 DB=DC,∠B=∠C,故 Rt△BDE≌Rt△CDE,从而 DE=DF,EB=FC.

又在 Rt△AED 与 Rt△AFD 中,由于 DE=DF,AD=AD,故 Rt△AED≌Rt△AFD,从而 AE=AF. 所以 AE+EB=AF+FC,即 AB=AC.

---

① 颜士刚,冯友梅,李艺. 素养教育如何落地[J]. 现代远程教育研究,2018(6):21-27.
② 熊哲宏. 皮亚杰理论与康德先天范畴体系研究[D]. 上海:华东师范大学,2002.

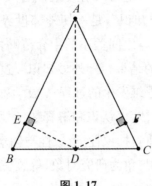

图 1.17

上述思维过程是以三角形为思维对象,并通过辅助线连接思维对象,以符号语言为思维载体,表达三角形中的结构、关系与规律,既具有形象性(直观图形),又具有抽象性(全等三角形的规律与模式)与创新性(从无到有,搭建辅助线).

教学启示:要尽可能多地将内隐思维,用符号、语言、图形外显化,让思维看得见,让内隐思维既可意会、亦可言传.

而等腰三角形的性质定理则是将三角形中边的关系转化为角的关系的一个重要途径,是证明角相等的思维方法.

已知△ABC 中 AB=AC,求证:∠B=∠C.

内源知识:要证明两角相等,需构建全等三角形.

外显知识:取边 BC 的中点 D,连接 AD,对于△ABD 与△ACD,有三边相等,容易证明△ABD≌△ACD(SSS),从而∠B=∠C.

【总结】 等腰三角形的判定定理与性质定理关注的是等腰三角形的结构以及"等角对等边"与"等边对等角"的关系和模型.

再如,已知椭圆标准方程为 $\dfrac{x^2}{4}+\dfrac{y^2}{m}=1$,离心率 $e=\dfrac{\sqrt{2}}{2}$,求 m 的值.

内源知识:要求 m 的值,需寻找数量关系.

外显知识:根据椭圆的标准方程与离心率,可分类讨论并确定参数关系.

分析:若椭圆的焦点在 x 轴上(图 1.18),则 $a^2=4, b^2=m$,从而 $c^2=4-m$. 故 $\dfrac{4-m}{4}=\left(\dfrac{\sqrt{2}}{2}\right)^2$,解得 $m=2$.

若椭圆的焦点在 y 轴上(图 1.19),则 $a^2=m, b^2=4$,从而 $c^2=m-4$. 故

$\dfrac{m-4}{m}=\left(\dfrac{\sqrt{2}}{2}\right)^2$,解得 $m=8$.

【总结】 椭圆的本质是一类具有"到平面上两个定点的距离之和为定值"的点形成的轨迹,需关注其方程结构与模型以及参数之间的关系.可利用信息技术,通过绘图工具演示方程中参数的变化对方程所表示曲线的影响,进一步理解曲线与方程的关系,培养和提升直观想象、数学运算和数学建模等数学思维.

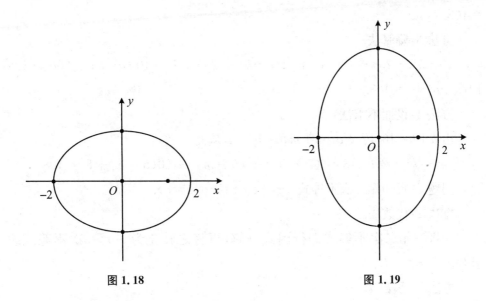

图 1.18　　　　　　　　　　　图 1.19

(二) 数学思维品质

数学思维品质,是指数学思维的差异性特征.具体地说,数学思维品质有思维的广阔性、思维的深刻性、思维的灵活性、思维的独创性以及思维的批判性等.

从信息加工理论的角度看,数学思维过程也就是信息加工系统的运行过程.当人们面对一个数学问题时,对问题的题设、结论、图形、图像等信息进行感知、选择、加工、输出.当输出的结果符合目标要求,则数学思维过程即告完成.

问题 1:求正整数数列 $1,2,3,\cdots,n,\cdots$ 的前 100 项和.

方法 1:高斯法. 首尾相加,即

$(1+100)+(2+99)+(3+98)+\cdots+(50+51)=50\times 101=5050$

方法 2:一般法. 逐项相加,即

$1+2+3+\cdots+100=3+3+4+\cdots+100$

$$= 6+4+5+\cdots+100 = \cdots = 5050$$

问题 2：已知 $a+b=10$，求 $a^2-b^2+20b+8$ 的值.

方法 1：赋值法.

令 $a=10$，则 $b=0$，从而 $a^2-b^2+20b+8=10^2+8=108$.

方法 2：消元法.

$a^2-b^2+20b+8 = (10-b)^2-b^2+20b+8 = 100-20b+b^2-b^2+20b+8 = 108$.

方法 3：降幂法.

$a^2-b^2+20b+8 = (a+b)(a-b)+20b+8 = 10(a-b)+20b+8 = 10(a+b)+8 = 108$.

方法 4：设而不求法.

由 $a+b=10$，可设 $a=5+m, b=5-m$，从而
$$a^2-b^2+20b+8 = (5+m)^2-(5-m)^2+20(5-m)+8 = 108$$

问题 3：解一元二次不等式 $ax^2+bx+c>0 (a\neq 0)$.

方法 1：代数法.

先将一元二次不等式进行因式分解，再将之转化为一元一次不等式组求解.

方法二：函数法.

用函数观点，借助一元二次函数图像，建立函数、方程与不等式的关系. 先通过二次项系数的符号，判断函数图像开口方向；再根据一元二次方程根的判别式判断函数图像与 x 轴的位置关系；最后通过计算方程的根得一元二次不等式的解集.

可见，思维表现具有差异性，这种差异属于思维品质的差异. 有的人思路开阔，具有构思的多样性；有的人则表现为思路受限，只能机械模仿. 这种思维差异表现为问题解决手法的局限性、一般性与创新性.

问题 1 中的"高斯解"与问题 2 中的"设而不求法"，以及问题 3 中的"函数法"具有创新性，是"妙手"；

问题 1 中的"一般法"与问题 2 中的"赋值法"以及问题 3 中的"代数法"，虽然具有局限性，算是一个有效的解法；

问题 2 中的"消元法"与"降幂法"能充分调用已知条件与先知经验，进行消元、降幂，实现从繁到简，是"本手".

"妙手"之妙,妙在其方法或新颖独特、或具有迁移生长性,还在于用"符号表示关系""图形呈现特征",体现了数学学科"关系、结构、模式"的本质与规律,更是以"一招制胜"统领不定方程中的代数式求值问题,可谓小中见大,以小驭大. 问题 2 中的"赋值法"对客观题有效,能快速获得答案,但在解答题中不适用,更重要的是,这只是对付一个或几个题目之小巧,不利于问题的深入思考和发展核心素养. 而问题 3 中的"代数法"同样具有局限性,尤其对不可进行因式分解的不等式不适用.

教学启示:以刷分或刷题为目标,导致"俗手"盛行. 想要获得思维的深刻性、广阔性与创新性,以及发展与提升学科核心素养,至少要做一个"本手".

（三）数学思维的类型

如培根所言,数学是思维的体操. 数学思维主要有形象思维、抽象思维、归纳思维、演绎思维、类比思维、逻辑思维、化归思维等.

如将 $\sqrt{2}+1$ 与 $\sqrt{5}$ 的大小比较的代数问题转化为几何问题,体现的是化归思维、类比思维、抽象思维、归纳思维等.

根据三角形"两边之和大于第三边"的结论,如图 1.20 所示,易知
$$AA' + AB > A'B$$

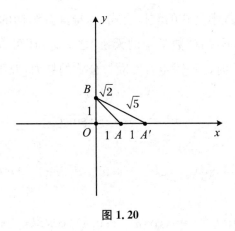

图 1.20

所以
$$\sqrt{2}+1 > \sqrt{5}$$

进一步,类比推理,将这种方法迁移到一类无理数的大小比较问题（如图 1.21、图 1.22 所示）.

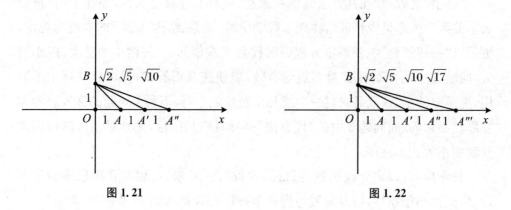

图 1.21　　　　　　　　　　图 1.22

从而得到一系列不等式：
$$\sqrt{5}+1>\sqrt{10}$$
$$\sqrt{10}+1>\sqrt{17}$$
……

如此类推，构建一类如下不等式模型，体现了数学化归思维的奇妙美与统一美，收到"四两拨千斤"的效果，对拓展数学思维，提高思维品质，发展学生数学建模、逻辑推理、直观想象等核心素养具有积极意义．
$$\sqrt{n^2+1}+1>\sqrt{n^2+2n+2} \quad (n\in \mathbf{N})$$

又如，作为最美数学公式的欧拉公式，本身具有结构的简洁美，集数学的 5 个基本元素于一身，不仅有"数学中的天桥"之美誉，还可以将三角函数的诱导公式经过这座"天桥"时，"一锤定音"．欧拉公式的魅力，源于数学的创新思维．

因为
$$e^{ix}=\cos x+i\sin x$$

所以
$$e^{i(\alpha+2k\pi)}=\cos(\alpha+2k\pi)+i\sin(\alpha+2k\pi) \quad (k\in \mathbf{Z}) \qquad (1)$$

又
$$e^{i(\alpha+2k\pi)}=e^{i\alpha}e^{i2k\pi}=(\cos\alpha+i\sin\alpha)(\cos 2k\pi+i\sin 2k\pi)$$

因 $\cos 2k\pi=1,\sin 2k\pi=0$，故
$$e^{i(\alpha+2k\pi)}=(\cos\alpha+i\sin\alpha)(1+i0)=\cos\alpha+i\sin\alpha \qquad (2)$$

综合式(1)、式(2)，得
$$\sin(\alpha+2k\pi)=\sin\alpha,\quad \cos(\alpha+2k\pi)=\cos\alpha \quad (k\in \mathbf{Z})$$

同理,由欧拉公式可得
$$e^{i(-\alpha)} = \cos(-\alpha) + i\sin(-\alpha) \tag{3}$$
而
$$e^{i(-\alpha)} = \frac{1}{e^{i\alpha}} = \frac{1}{\cos\alpha + i\sin\alpha} = \frac{\cos\alpha - i\sin\alpha}{(\cos\alpha + i\sin\alpha)(\cos\alpha - i\sin\alpha)}$$
$$= \cos\alpha - i\sin\alpha \tag{4}$$
综合式(3)、式(4),得
$$\sin(-\alpha) = -\sin\alpha, \quad \cos(-\alpha) = \cos\alpha$$

用单位圆推导诱导公式的方法,则以直观想象与逻辑推理的视角,根据对称性,完美地展示了形象思维与抽象思维相结合的魅力(如图1.23所示).

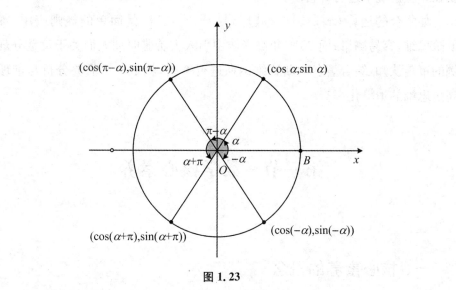

图 1.23

再如命题:如果一个三位数的各数字之和能被3整除,那么这个三位数可以被3整除.

可设这个三位数为x,其个位数为a,十位数为b,百位数为c,则
$$x = 100a + 10b + c$$
也即
$$x = (99a + 9b) + (a + b + c)$$
由于$99a + 9b$能被3整除,如果$a + b + c$也能被3整除,那么这个三位数能被3整除.

上述命题的推理过程,借助于符号,让思维看得见,将抽象问题符号化、可

视化,体现了数学的方法之美.

进一步,该命题还可以类比拓展为:如果一个四位数、五位数……N位数的各数字之和能被3整除,那么这个数可以被3整除.

通过拓展命题,得到一类模型,即为模型命题,是统一化与概括化思维的体现,展示了数学思维的升级与迭代.学习者在这样的思维过程中可以获得并积累用数学符号进行一般化推导的经验.

有一个事实需要我们注意,记忆(或回忆)、理解这样的低阶思维可通过比较容易的测量与客观评价手段得到评价,而应用、分析、综合等高阶思维则需要更加细致和真实的评价技术,通常情况下,高阶思维的评价方式更加情境化,需要在相应情境下进行评价.

如集合的运算$\{x|x-1<0\}\cup\{x||x-2|<1\}$,是简单的规则应用,属于低阶思维,容易测量;而2019年高考题中引入古希腊时期人们关于黄金分割比例的审美认知,结合著名的断臂维纳斯进行考查,就是一个需要分析与推理的高阶思维的情境化考查.

第三节 数学核心素养

一、核心素养的概念

(一)何为核心素养?

"素养"是人的内在品质,已成为学界的共识[1].1996年,联合国教科文组织初次提出"学会学习",人们对学习的认识,经历了从单一的内在的认知能力,到元认知、认知、情感等复合能力的演变,素养研究正成为全球的一种趋势,思考与实践不断深入.

2002年3月,欧盟的一个研究小组在《知识经济时代的核心素养》中首次

---

[1] 陈佑清."核心素养"研究:新意及意义何在?[J].课程·教材·教法,2016,36(12):3-8.

提出核心素养的概念:"核心素养代表了一系列指示、技能和态度的集合,它们是可迁移的、多功能的.这些素养是每个人发展自我、融入社会及胜任工作所必需的创造性地解决问题的能力."

"核心素养"最早出现在经济合作与发展组织(OECD)和欧盟理事会的研究报告中.北京师范大学林崇德教授团队根据我国国情与"立德树人"教育根本任务的总体要求,经过三年多的研究,于2016年9月发布了中国学生发展核心素养的框架与内容,提出了中国学生发展核心素养的概念:"学生发展核心素养是个体在知识经济、信息化时代面对复杂的、不确定性的现实生活情境时,运用所学的知识、观念、思想、方法,解决真实的问题所表现出来的关键能力与必备品格"[1].

学生发展核心素养本质上是人们期望通过学校有目的、有计划、有组织的系统课程教育后,学生面对复杂的、不确定的现实生活情境时,能够综合运用特定学习方式下所孕育出来的学科观念、思维模式和探究技能,结构化的学科知识和技能,形成包括世界观、人生观和价值观在内的动力系统.

素养是先天的素质与通过教育形成的教养有机结合的产物,是天性和习性的结合.

学生发展核心素养则是强调关键的、不可或缺的素养.核心素养具有课程的个人适应取向与社会适应取向的哲学基础.核心素养导向的教育更好地将个人发展与社会需要结合起来,改变仅仅将教育作为一种经济发展工具的观念,真正实现个人发展与社会发展需要的平衡,并以此来思考教育、定位教育、实施教育.核心素养突出强调个人修养、社会关爱、家国情怀,更加注重自主发展、合作参与、创新实践[2].核心素养本质上是课堂教学的目标系统,是育人目标的具体要求.研究学生发展核心素养,是落实立德树人根本任务的重要举措,是适应教育改革发展趋势的迫切需要,是提升我国教育国际竞争力的迫切需要.更重要的是,在课程建设与课堂教学改革中,更加关注课程与教学给学习者提供机会或可以选择的环境,让学习者学会为自己的选择承担责任,同时为学习者提供适应社会的经验;让学习者能够在社会进程中,获得安身立命的能力以及为

---

[1] 林崇德.构建中国化的学生发展核心素养[J].北京师范大学学报(社会科学版),2017(1):66-73.

[2] 高茂军,王英兰.核心素养引领下的课堂教学革新[M].天津:天津教育出版社,2018.

社会的发展做贡献,成为一个有责任担当的时代新人.因此,核心素养既具有个人价值与社会价值,又具有整体性、阶段性与发展性.

从价值取向上看,它"反映了学生终身学习所必需的素养与国家、社会公认的价值观",学习者作为完整的主体积极领悟世界、探索世界以及推动世界的变革.从发展要素上看,它既注重学科基础,也关注个体适应未来社会生活和个人终身发展所必备的素养;不仅反映社会发展的最新动态,同时注重本国历史文化特点和教育现状.

在长期的知识与思维相互转化运动的学习过程中,人的内涵逐渐丰富,包括丰富的方法论、情感、态度、价值观、世界观等.从知识到思维,从思维到能力,从能力到素养,最终目的是要使其成为一个有着稳定的个性品质,又能适应终身发展与社会发展需要,有着正确的价值观与世界观以及人生观的完整的人.也即学生要发展核心素养体系的构建,应综合考虑适应社会、终身学习、成功生活、个人发展多方面的要求.

(二)核心素养与学科教学的关系

核心素养是一种超越了知识本位与学科本位的课程观.如果我们把教学看成一个生态系统,那么围绕教学生态这个主题,可以把核心素养看成森林,森林里的每一棵树便是学科素养.森林是否茂盛、是否富有生命力,取决于各种树木是否相互兼容、是否相互滋养、是否健康成长.

一方面,核心素养指导、引领、辐射学科课程教学,彰显学科教学的育人价值,使教学自觉为人的终身发展服务,"学科教学"升华为"学科育人".另一方面,核心素养可以通过学科教学进行培养,核心素养的达成,也依赖各个学科独特育人功能的发挥、学科价值的挖掘.学科教学的目标达成是核心素养发展的必要条件.如果说学科教学中的解题技能是一把打开问题之锁的钥匙,那么核心素养是适配打开各种问题密码钥匙的方法.

把学科逻辑与生活逻辑融合成学习逻辑,学习者体验到学科知识在真实生活情境中的意义与价值,学习者的学才不会陷在知识的海洋,才能因为意义与价值保持对知识海洋的向往,并在"乘风破浪"中获得进阶思维、问题解决能力与意志品质,给核心素养的形成提供补给与支持.

二、数学核心素养

（一）数学研究的对象

数学是研究数量关系和空间形式的科学．数学源于对现实世界的抽象，通过对数量和数量关系、图形和图形关系的抽象，得到数学的研究对象及其关系：空间形态，结构关系，万物共存；规模，秩序，万象共有．数与形是万物共性与根本，两个侧面相互联系，对立统一．数学的研究对象决定了数学的内容与数学的表现形式以及学科素养的构成．

由于数学的研究对象有两类：一是来自生活世界，二是来自数学世界，因此，学习数学会面临如何将客观世界的问题转化为数学研究对象．数学家、数学教育家 H. Freudenthal 指出：学数学就是学习数学化，教数学就是教会学生数学化．数学的学与教的过程，实际上是数学化的过程．数学化被分成两种：一是水平数学化（horizontal mathematization），即从生活世界中抽象出数学概念、数学原理等数学模式的过程，是从"生活世界"到"数学世界"的转化过程，如数学建模是一种很重要的水平数学化；二是垂直数学化（vertical mathematization）：即从现有的纯数学世界中迭代出更高级的数学概念、数学原理等数学模式的过程，是从低层数学到高层数学的过程，如极限的运算法则是垂直数学化的结果．数学化的学习就是学习数学化的过程，即学习如何进行公理化、形式化、图式化、模型化，以及学习在数学内部由低级向高级的发展过程．

数学化的内容可以细分为两类六种：一是在真实世界中利用理想化和数学表示提出数学问题、数学概念、数学原理．二是在数学世界中利用共性化和数学表示提出更高级的数学问题、数学概念、数学原理[①]．数学化内容与数学化过程，分别是核心素养的载体与形成途径．

根据数学研究对象与学习者认知规律的特点，教学设计应尽可能贴近学生的现实，以利于学生从经历的现实情境中，抽象出数学知识与方法，发展数学抽象、逻辑推理与数学建模等能力．这里所指的学生的现实主要包括三个方面：生活现实、数学现实以及其他科学现实．其中，生活现实，即学生熟悉的事物以及

---

① 史宁中．数学思想概论[M]．长春：东北师范大学出版社，2008．

自然、社会中的现象和问题,如气温起伏、四季更替等.数学现实,即学生已经积累的数学知识,例如学生学习分数指数幂时已经具备整数指数幂知识,学习对数运算法则时,学生已经具备指数运算法则.其他学科现实,即学生学习数学知识时已经具备在各个学段的其他学科知识,例如学习极限概念时,学生已经具备"平均速度"与"瞬时速度"的概念认知.

新课标强调"在实际情境和真实问题中,运用数学和其他学科的知识与方法,经历发现问题、提出问题、分析问题、解决问题的过程".真实情境和真实问题是重要的数学研究对象,也是学生开展综合与实践的基础.例如,对质量相同、管口直径不同的牙膏进行顾客使用情况与商家销量展开研究,比较顾客对相同质量牙膏使用时间的长短,同时研究管口直径与牙膏销量的相关性,就是基于真实情境与真实问题的碎片化生活信息开展综合实践活动,需要学生用数学的眼光观察现实世界,用数学的思维思考现实世界,用数学的语言表达现实世界,也让我们看到日常生活中蕴藏的数学教育资源,看到客观世界中丰富的数学研究对象.

(二) 六大数学核心素养

数学核心素养是学生通过数学学习获得的具有数学基本特征的、满足学生未来个人发展和面向社会发展所必需的必备品格、关键能力与价值观念,是数学的知识、能力、情感态度与价值观的有机结合,是数学课程目标与数学育人价值的集中体现,是学生发展核心素养在数学学科中的具体化.数学素养构成要素包括数学化、数学运算、数学推理、数学意识、数学思想方法和数学情感态度与价值观.数学素养的行为表现是,能用数学眼光观察与审视客观世界,理解基本的数学概念和原理,具备一定的运算能力、数学化能力以及推理能力,能运用数学解决问题,会用数学语言来表达和交流,形成良好的数学情感态度与价值观.可见,我们对学科核心素养的理解,不应仅仅表现在学科层面.核心素养既指向学科本质,还指向人生发展历程中的价值观念和理解世界的能力、方法以及策略,贯穿人的一生.

数学核心素养的获得,必须建立在深度学习的基础上.所谓深度学习,就是指在教师引领下,学生围绕着具有挑战性的学习主题,全身心积极参与、体验成功、获得发展的有意义的学习过程.教学若不能打动人(心),学生的思想、意识、情感就不能活跃,就不可能有深度学习.深度学习之"深",并不在程度的"深"

"浅",而在性质之"深""浅". 深度学习之"深",要"深"在人的心灵里,"深"在人的精神境界上;深度学习还"深"在系统结构中,"深"在教学规律中. 在这个过程中,学生掌握学科的核心知识,理解学习的过程,把握学科的本质及思想方法,形成积极的内在学习动机、高级的社会性情感、积极的态度、正确的价值观,成为既具独立性、批判性、创造性又有合作精神、基础扎实的优秀学习者,成为未来社会实践的主人.

2012年7月,美国国家研究委员会公布的《为了生活和工作的学习:在21世纪发展可迁移的知识与技能》报告中,将深度学习能力划分为三个领域:认知领域、人际交往领域和个人领域. 而美国休利特基金会对深度学习从六个维度进行界定,分别是:掌握学科核心知识、批判性思维与复杂问题解决、团队协作、有效沟通、学会学习、学习毅力. 这六个维度与美国国家研究委员会提出的三个领域具有极高的相似度与对应关系(表1.1).

认知领域对应掌握学科核心知识、批判性思维与复杂问题解决;人际领域对应团队协作与有效沟通;个人领域对应学会学习与学习毅力.

表1.1 美国国家研究委员会与休利特基金融合下的深度学习能力框架

三领域	六维度
认知领域	掌握学科核心知识 批判性思维与复杂问题解决
人际领域	团队协作 有效沟通
个人领域	学会学习 学习毅力

其中,掌握学科核心知识,是指学生能够理解数学核心知识并能将其迁移到其他情境;批判性思维和复杂问题解决,是指学生通过数学学习能应用思想方法发现和解决问题. 这里所指的思想方法包括数学抽象与建模、数学运算与数据分析、直观想象与逻辑推理等;团队协作,是指学生能够协作应对因学习数学知识所产生的各种挑战;有效沟通,是指学生能够清晰地表达他们的发现与想法;学会学习,是指学生能够监控与指导自己数学知识的学习;学习毅力,是指学生能够形成积极的学习态度,促进自身有效学习,能够为完成高质量的数学学习克服困难.

由此可见,数学核心素养应该建立在上述三领域六维度之上,通过认知领域、人际领域与个人领域进行培养,反映在掌握数学学科知识、批判性思维与问题解决,在团队协作中有效沟通,学会学习,形成学习韧性与毅力等方面.

从数学学科的角度看,数学核心素养聚焦数学本质."数学发展所依赖的思想在本质上有三个:抽象、推理、模型.通过抽象在现实生活中得到数学的概念和运算法则,通过推理得到数学的发展,然后通过模型建立数学与外部世界的联系"①.

从数学教育的角度看,数学核心素养聚焦数学育人价值.通过学习数学,能使人从客观事物中抽象出基本属性,语言表达更有逻辑,思维更富有条理性,更具空间感与运算能力,更能把握事物的关联性、辩证地分析问题、解决问题等,这是反映在人的心灵与智慧方面的价值.

从学生发展角度看,数学核心素养聚焦学生成长表现.不同阶段数学学习任务蕴含的知识、能力、品格具有发展性.

尽管不同学段的核心素养内涵、表述与要求存在层次上的差异性,但都基于"数学眼光、数学思维、数学语言"三个维度展开.

爱因斯坦在《论教育》的演说词里说过:当在学校里所学的一切全部忘记之后,还剩下来的才是教育.而日本著名教育家米山国藏在他的《数学的精神、思想和方法》一书中指出:学生在学校学习的数学知识,毕业后若没机会去运用,很快就会忘掉.然而,不管他们将来从事什么工作,深深铭刻在心中的数学精神,数学的思维方法、研究方法、推理方法和看问题的着眼点,却能使他们终身受益.两位学者的观点都指向知识通达能力,能力上升到素养的可能性.

数学学科核心素养具有内涵的一致性、表述的整体性以及表现的阶段性特点.其中,内涵的一致性是指,每个通过数学学习的人所获得的数学核心素养伴随义务教育、高中教育乃至高等教育各个阶段且其内涵保持不变.表述的整体性是指数学核心素养既有数学特征,又有教育特征;既表述学科思维,又表述认知心理.表现的阶段性是指数学核心素养在不同阶段有不同表现,涉及身心发展、知识储备,也涉及经验积累.

初中阶段,数学核心素养表现为:抽象能力、运算能力、几何直观、空间观念、推理能力、数据观念、模型观念、应用意识及创新意识.在强调基础知识、基本技能、基本思想、基本活动经验的过程中,进一步强调学习者参与数学活动的

---

① 何小亚.追求数学素养达成的教学设计标准与案例[J].中学数学研究,2019(2):2-8.

经验积累与品质提升,是"四基"的继承与发展.

高中阶段,数学学科核心素养主要包括数学抽象、逻辑推理、数学建模、直观想象、数学运算和数据分析.这些数学学科核心素养既相对独立,又相互交融,是一个有机的整体,不同的核心素养需要辅以相应的学习任务与教学契机,将核心素养科学完整地融入到教学过程.

核心素养的形成是一个实践的过程,没有行动、创造、体验、感悟,只有记忆、背诵、模仿,无法形成核心素养.因此学科教学中,要设计特定的教学任务,引导学生探索和解决问题,促进核心素养有效形成.比如,数学建模和数学探究活动,学生自主梳理总结知识的活动,学生自主开展真实情境中的活动等.

中等职业学校(以下简称"中职")数学六大核心素养与普通高中(以下简称"普高")数学六大核心素养一致,不同的是排序有所区别,这源于普高与中职两种类型的教育培养目标承载的功能既有共性,又具有各自的特点,对素养的优先级与侧重点表现出一定的差异性.如普高将"数学运算"放在第五个层级,但中职将"数学运算"放在第一个层级,对于普高来说,"数学抽象"是首要素养,而对于中职教育,学生的数学水平相对较弱,对"数学运算"的关注度优于"数学抽象".

本书在涉及普高与中职的相关问题时,均聚焦于普高数学与中职数学核心素养的共性部分展开探讨.

1. 数学抽象

数学抽象是指舍去事物的一切物理属性,提取出数学研究对象的思维过程.数学抽象借助于数量关系和位置关系,在具体情境中抽象出事物的本质特征和规律,形成数学概念和结论,并用数学语言来描述.

数学抽象是数学的基本思想和方法,是形成和发展理性思维的重要基础,反映数学的本质特征,贯穿于数学的产生、发展和应用的全过程,使得数学成为高度概括、表达准确、结论一般和有序多级的科学体系.

数学抽象主要表现为:获得数学概念和规则,提出数学命题和模型,认识数学结构和体系.

数学抽象反映了数学从何而来,是数学的起源.数学抽象的育人价值体现在:能积累多样化的从具体到抽象的活动经验;能帮助学生更好地理解数学并形成数学思维;通过数学抽象能更好地发展学生解决问题的能力.

例如,与数量有关的有理数、无理数、实数的概念,与图形有关的点、线、面、平面图形、空间图形、直角坐标系等概念都是数学抽象的结果. 数学抽象,使人们认识世界、表达世界更具有一般性.

2. 逻辑推理

逻辑推理是指从一些事实和命题出发,依据推理规则获得其他命题的过程. 主要包括两类:一类是从特殊到一般的推理,推理形式主要是归纳和类比;一类是从一般到特殊的推理,推理形式主要是演绎.

逻辑推理是获得数学结论和构建数学体系的重要手段,是数学严谨性的基本保证,是人们在数学活动中进行交流的理性思维品质和能力. 通过逻辑推理,人们能够理解数学研究对象的性质以及研究对象之间的关系,并会用抽象的术语和符号表达这些性质和关系,从而形成数学的结论.

逻辑推理主要表现为:掌握推理基本形式和规则,发现问题并提出问题,探索和表述论证过程,理解命题体系,有逻辑地表达和交流.

逻辑推理反映了数学是如何发展的,是数学生长的主要路径. 逻辑推理的育人价值体现在:学会有逻辑地思考问题;能够在比较复杂的情境中把握事物之间的关联以及事物发展的脉络;形成有条理、合乎逻辑的思维品质和理性精神,增强交流能力.

例如,基于四则运算的交换率、结合率;基于方程的等量关系;基于几何的三角形的性质,圆的性质,比例关系,平行关系,全等关系,相似关系等内容的学习都与逻辑推理素养有关.

3. 数学建模

数学建模是对现实问题进行数学抽象,用数学语言表达问题、用数学知识与方法构建模型解决问题的过程. 主要是从实际情境中的问题出发,抽象出相关的数学模型,求解结论,验证结果,解决问题.

数学模型是借助数学的语言讲述现实世界的故事[①]. 数学建模搭建了数学与现实世界的桥梁,是运用数学知识和数学方法解决实际问题的基本手段,也是推动数学发展的重要源动力.

数学建模主要表现为:发现和提出问题,建立和求解模型,检验和完善模型,分析和解决问题.

---

① 娜仁格勒乐,史宁中. 数学学科核心素养与初中数学内容之间的关系[J]. 东北师范大学学报(哲学社会科学版),2019(6):118-124.

数学建模反映了数学内在思维的外部呈现方式,体现了数学的去向. 数学建模的育人价值体现在:有意识地用数学语言表达现实世界,发现和提出问题,感悟数学与现实之间的联系;学会用数学模型解决问题,积累数学事件的经验;认识数学模型在科学、社会、工程技术等领域的作用,提升实践能力,增强创新意识和科学精神.

例如,通过路程、速度、时间三者之间关系构建数学模型,用函数刻画运动变化的状态,进而构建几何图像都涉及数学建模.

4. 直观想象

直观想象是指借助几何直观和空间想象感知事物的形态与变化的思维形式,利用图形理解、分析和解决数学问题的心理过程. 主要包括:借助空间图形认识事物的位置关系、形态变化与运动规律;利用图形描述和分析数学问题;利用数与形的联系,构建数学问题的直观模型,探索解决问题的思路.

直观想象是发现和提出问题、分析和解决问题的重要手段,是构建抽象模型、进行数学推理和运算、探索形成解题思路和方法的思维基础.

直观想象主要表现为:建立数与形的联系,利用几何图形描述问题,借助几何直观理解问题,运用空间想象认识事物.

直观想象是认识客观事物的第一视角. 直观想象的育人价值表现为:学生能提升数形结合的能力,发展几何直观和空间想象能力;增强运用几何直观和空间想象思考问题的意识;形成数学直观,在具体的情境中感悟事物的本质.

例如,研究以椭圆 $C: \dfrac{x^2}{25}+\dfrac{y^2}{16}=1$ 右焦点 F_2 为圆心的圆在什么情况下与椭圆没有交点,需要根据椭圆的标准方程,建立几何直观,并以此分析椭圆上的任意一点与右焦点距离的最大值与最小值,进一步得出以 F_2 为圆心的圆的半径 $r\in(0,2)\cup(8,+\infty)$ 时,圆 F_2 与椭圆 C 没有交点(详见第四章第二节的例题).

5. 数学运算

数学运算是指在明确运算对象的基础上,依据数学运算法则与公式对具体对象进行变形的演绎过程. 主要包括:识别运算对象,理解和掌握运算法则,探究运算思路,选择运算方法,设计运算程序,求得运算结果等.

数学运算是解决数学问题的基本手段之一,是数学精确性的基本保证. 数学运算是一种演绎推理,也是计算机解决问题的基础.

数学运算主要表现为:理解运算对象,掌握运算法则,探究运算思路,求解运算结果.

数学运算为数学决策提供依据.数学运算的育人价值表现为:通过数学运算,学生能发展数学运算能力;有效借助数学运算方法解决实际问题;通过运算促进数学思维发展,形成规范化思考问题的本质,养成一丝不苟、严谨求实的科学精神.

例如,集合运算、指数运算、对数运算、向量运算以及三角运算等分别是作用于不同数学对象上的数学运算.

6. 数据分析

数据分析是指针对研究对象获取数据,运用数学方法对数据进行整理、分析和推断,形成关于研究对象的知识和规律的过程,主要是通过收集数据、整理数据、提取信息、构建模型、数据计算、分析推断等获得结论.

数据分析是研究随机现象的重要数学手段,是处理大数据的主要数学方法,也是"互联网+"相关领域的主要数学方法.数据分析已经深入科学、技术、工程和现代社会生活的各个方面.

数据分析主要表现为:收集和整理数据,理解和处理数据,获得和解释结论,概括和形成知识.

数据分析是事物存在的合理性解释.数据分析的育人价值体现在:通过数据分析,学生能提升对有价值信息进行定量分析的意识与能力;适应数字化学习的需要,增强基于数据表达现实问题的意识,形成通过数据认识事物的思维品质;积累依托数据探索事物的本质、关联和规律的活动经验.

例如,样本均值与方差、频率与古典概型、线性回归分析等都属于数据分析范畴.

总之,直观想象、数学运算与数据分析是解决问题的基本素养.而数学抽象与逻辑推理是从无到有产生数学,从少到多发展数学,体现了数学的产生和发展,而数学产生和发展的过程也即是数学建模的过程,得到的产品是数学知识,这些知识组成强大的工具库供人们解决新的问题.

关注课程核心素养,不仅要关注具体的学科核心素养,还要关注学生核心素养的发展,更要关注育人价值.理解数学核心素养的内涵,将核心素养的培养融入教学过程中,需要从以下三个方面着手.

首先,要立足学生的认知规律,重视核心素养的培育性.要基于学情,通过教育过程与学习实践培育核心素养. 两千多年前,荀子"闻、见、知、行"的教育思想就将"行"也即"实践"放到最高位置:不闻不若闻之,闻之不若见之,见之不若知之,知之不若行之. 这与杜威的"做中学,学中做"一脉相承.

其次,要立足学生的知识衔接,突出核心素养的过程性. 核心素养的培养不是一蹴而就的,需要在长期的学与教的过程中逐渐形成. 数学核心素养的内涵表述也充分体现了其过程性:如数学运算是依据数学运算法则与公式对具体对象进行变形的演绎过程;数学抽象是舍弃一切事物物理属性,提取出数学研究对象的思维过程等.

再次,要立足学生的必备品格,提升核心素养的育人性. 在学习过程中,通过数学运算,养成一丝不苟,勤于反思的品质;通过直观想象,获得运用图形和空间想象分析问题与解决问题的能力与思维品质;通过逻辑推理,养成敢于质疑,善于思考,严谨求实的品质等.

以数学运算为例.

(1) 数学运算可培养学生适应社会发展的运算能力,运算能力是公民的基本数学素养,我们常说的"心中有数",就是通过运算思维来分析世界. 运算能力也是公民生活生存的基本手段,如计算成本、物品交易、生活居住等等,都需要通过计算来解决日常生活问题.

(2) 数学运算可培养学生思考深刻问题的思维品质,运算意识使学生看问题有依据;运算思路使学生分析问题更合理;运算流程训练使学生表达想法更简洁.

(3) 数学运算可培养学生严谨求实的科学精神,运算推理训练培育学生的严谨性;运算精准性培育学生一丝不苟、务实求真的科学精神;运算复杂性培养学生精益求精的工匠精神.

(4) 数学运算可培养学生遵循规则、敬畏规则的意识,让学生学会理解规则,按规则办事.

数学核心素养,从六个方面对应了"用数学的眼光观察世界、用数学的思维分析世界、用数学的语言表达世界"三个维度,对教学设计具有理论指导意义. 以7~9年级为例,"抽象能力、空间观念与几何直观"对应"数学眼光","推理能力与运算能力"对应"数学思维","模型观念与数据观念"对应"数学语言",这实际上就是对核心素养概述中"关键能力"的具体诠释与回应(表1.2). 而必备品质则包括善于学习的态度、良好的行为习惯、对外部世界的兴趣与好奇心、学习活动的团队合作意识与担当意识,勇于探究的科学精神,自我认知与调控能力. 通过数学学习与实践活动,积极构建与自我、同伴以及客观世界的关系,形成正确的价值观与世界观.

表1.2 各学段数学核心素养表现

核心素养	小学	初中	高中
数学眼光	数感 量感 符号意识	抽象能力	数学抽象
数学眼光	空间观念 几何直观	空间观念 几何直观	直观想象
数学思维	推理意识	推理能力	逻辑推理
数学思维	运算能力	运算能力	数学运算
数学语言	模型意识	模型观念	数学建模
数学语言	数据意识	数据观念	数据分析

第四节 学与教的辩证关系

备课过程中,需要厘清学与教的基本概念,辩证地看待两者的基本关系.

一、古代学与教合二为一

学与教在我国古代,没有严格的区分,教即为学,以学代教. 追溯到甲骨文的汉字结构,教与学具有同源性. 在汉字中,有"斆"(xiào)为证,从字形看,它以"学"为偏旁,将"学"与"教"构成一个整体.《学记》中"学然后知不足,教然后知困,知不足然后能自反,知困然后能自强也. 故曰:教学相长."其蕴含的基本思想是:教,学也;学,教也.

二、现代学与教辩证统一

前苏联教育家凯洛夫认为:"教学过程包括教师的活动(教),同时也包括学生的活动(学). 教与学是同一过程的两个方面,彼此不可分割地联系着."

现代教学理论视角下的学与教,是既可区分又彼此紧密联系的两个概念. 教学活动中,师生通过对话、交流、协作,获得直接经验,传承间接经验. 学与教在认识活动与实践活动中相互作用,相互影响.

首先,学与教可以明确区分,是两种不同性质的活动. 从核心素养的视角看,学,是指学生的活动,活动的主体是学生,活动的目的是促进学习者形成个体适应终身发展与社会发展的必备品格与关键能力以及正确的价值观念. 教,是指教师的行为,行为的主体是教师,行为的宗旨是培养具有健全人格的完整的人.

其次,学与教紧密联系,同处于一个有目标、有计划的活动中. 一方面,学生活动是在教师的组织与引导下进行的,教师的教是有效学习发生的外部条件,教师的教的行为,旨在引起、维持、促进学生的学习. 另一方面,学与教相互影响,相互作用. 教是学的促进因素,为有效学习提供支持;学是教的制约因素,为有效教学提供方向. 有效的教学活动是学生学与教师教的统一,学生是学习的主体,教师是学习的组织者、引导者与合作者.

再次,学与教作为教学的两个不同侧面,存在着两个基本矛盾[①]. 一是认知矛盾,表现为教学要求与学生已有认知水平之间的差距,涉及学生能不能学、会不会学的问题,即可接受性问题,与学习能力有关,属于认知范畴;二是情感矛盾,表现为教学要求与学生当下具体需要之间的差距,涉及学生要不要学、愿不愿学的问题,与学习动力有关,属于情感范畴.

总之,从人类发展的历史看,学习是与生俱来的一种本能,先有学,后又教,学衍生出教,教是为了支持学、促进学. 从古代学即是教,教即为学,两者彼此不分的朴素认知,到现代教学理论对学与教的相互关系与基本矛盾的澄清,对一线教师根据从学到教的发展变化,认识到学是教的出发点与归宿,认识到学习中心论对教师提出更加专业的要求,认识到核心素养时代构建备课新思维的重要性,都具有指导意义.

[①] 卢家楣. 学习心理与教学[M]. 上海:上海教育出版社,2016.

第二章 备课的内涵与价值

第一节 备课的内涵

说到备课,需要回答以下四个基本问题:何为备课? 为什么而备? 备什么? 怎么备?

备课为课堂而生.不同的备课思维,会形成不同的教学设计,产生不同的教学效果.这就像是相同的食材,由于烹饪手法不同,做出不一样的口味.烹饪追求色香味俱全的效果体验,教学则追求学习者对知识通透的理解、灵活的应用与积极的情感体验.

我们常说"教学有法,教无定法,贵在得法".教学既是一门科学,也是一门艺术.备课,是教师寻找"法"的一项基本技能,是上好一堂课的重要前提,是课堂教学的起点与基础,还是创造教学艺术的基本路径."教学是有目的地促进学习以达成既定学习目标的活动"[①].笔者认为,备课的朴素意义是使教学有效开展,使学习有效发生.也即备课过程中,要思考"教"所涵盖的教师角色行动与教师影响学生的行为何以成立,同时要努力将学习的内部条件与外部条件联系起来,提供可以引发学习者思考与心理或行为发生变化的实践

---

① 史密斯,雷根.教学设计[M].3版.庞维国,译.上海:华东师范大学出版社,2008.

活动.

从表面看,课堂是学生学与教师教的场所,是知识传递、情感交流、能力提升的场所.但透过表象,课堂实际上是一个生命体,经历萌芽、生长、成熟、衰退的周期性生命特征过程(图 2.1).课堂上,知识在"生长",今天的知识是昨天知识的延续、明天知识的萌芽;能力在"生长",学生每天形成的能力都是他们"能力链"发展中的一环;情感在"生长",学生与老师之间从陌生、相识到相知;学生在"生长",从无知到有识、从幼稚到成熟;教师在"生长",因为课堂是教师实现人生价值的主阵地.

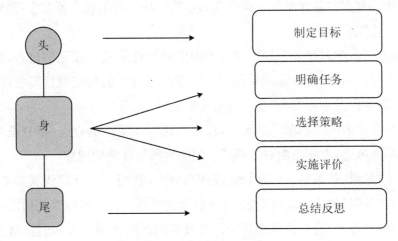

图 2.1　课堂"有机体"解构图

在新课标背景下,我们需要进一步正确理解备课的内涵与价值,贴近新课标的核心素养导向,进行有效备课. 只有厘清备课的内涵与外延以及备课的价值,避免囿于朴素的、惯常的个人经验,或望文生义,或泛泛而谈,或主观臆断,才不会迷失在这个看似寻常却又不简单的教学实践中.

一、何为备课

(一)备课的概念

查阅汉典词条,对备课给出的解释是:备课,是教师根据学科课程标准的要求和课程的特点,结合学生的具体情况,选择最合适的表达方法和顺序,以保证学生有效地学习.

《现代汉语词典(实用版)》没有"备课"词条的解释,单独对"备"解释为"预先筹划,事先安排","课"释义为"有规定数量的内容与工作".

《现代汉语词典(典藏版)》也没有"备课"一词的解释,单独解释"备"为"事先安排或防备,如备课、筹备",将"课"解释为"按计划分段进行的教学活动".

《古代汉语词典(第二版)》中同样没有"备课"的解释.《尚书·说命中》:"惟事事,乃有其备,有备无患"与"备课"一词相关的"备"的释义是"预备、准备". 对"课"以动词方式解释为"按规定的内容与分量学习",而以名词方式则解释为"工作、功课".

叶澜的观点:"备课是为上课以及其他教学环节所做的准备工作,是对教学的策划工作"[①].

加涅认为,学习是一个导致学习者的倾向与性能发生变化的过程,他把教学定义为"计划和执行外部的事件以支持学习过程中的特定目标". 备课,应该建立在"教学促进学习发生"这一认知基础上.

无论是汉语词义的单字节解释,还是各路专家给出的观点,都只是对备课进行简单的陈述,未能给出对"备课"一词的内涵与外延的阐述.

由于"备课"并不是一个原始的陈述性概念,我们有必要厘清其基本要义. 若没有对"备课"的概念进行界定,课堂教学的准备工作就将成为无稽之谈.

本书的"备课"这个话题都基于课堂教学的话语体系展开,而且,这里的课堂包含理论课堂、实践课堂以及活动课堂.

在课堂教学的话语体系里,笔者对备课的界定如下:

备课,即为促进学习的有效发生做准备,是上课前的一系列预备工作,是为课堂教学达成课程学习目标而呈现的预期、设想、策略以及行动方案,具有如目标设置、学情分析、内容组织与优化、资源选择与整合等一系列基本要素,形成目标、教学、评价一致性的逻辑输出.

备课既要立足学科,又要基于课标,还要指向素养. 核心素养本质上是课堂教学的目标系统,是学科育人的价值追求. 要让核心素养得到落实,就需要改变传统的"知识为主的教学目标、考试为主的评价方式". 这种改变,反映到课堂教学系统里,首先要回应新课标、新课程、新方案的时代要求,识变、应变、善变,建立起主动适应现代教学观与学习观的备课观念和价值取向.

---

① 叶澜. 新编教育学教程[M]. 上海:华东师范大学出版社,1991.

备课包括备学生、备教材、备目标、备教法、备学法、备活动、备流程、备任务、备评价、备板书、备时间等.此外,还包括备教学工具与教学素材,如准备课堂需要使用的直尺与三角板、几何模型、数据材料或视频资源;备教学形式,如线上教学、线下教学或混合式教学的前置选择(关于备课的要素分析我们将在第三章第一节中进一步予以阐述).

(二) 教学设计

教学是有目的地开展活动以促进学习发生的一系列事件,教学设计,即为教学有效发生所做的预先规划与前期安排,是备课的外显过程.

梅里尔等人在新近发表的《教学设计新宣言》一文中对教学设计所作的新界定值得引起人们的重视.他们认为:"教学是一门科学,而教学设计是建立在这一科学基础上的技术,因而教学设计也可以被认为是科学性的技术."

美国学者肯普给教学设计的定义是:"教学设计是运用系统方法分析研究教学过程中相互联系的各部分的问题与需求,在连续模式中确立解决其方法步骤,然后评价教学成果的系统的计划过程."

史密斯与雷根在他们的《教学设计(第三版)》中则认为:"教学设计是利用学习与教学原理对教学材料、教学活动、信息资源和教学评价进行系统规划的过程."

何克抗(2006)认为,教学设计是以促进学习者的学习为根本目的,运用系统方法,将学习理论与教学理论等原理转换成对教学目标、教学内容、教学方法和教学策略以及教学评价等环节的具体计划,创设有效的教与学系统的"过程"或"程序"[①].

石熙园(2018)认为,教学设计是关于运用系统方法将学习理论和教学理论转化为有效果、有效率的教学具体计划,是根据教学对象和教学目标,确定合适的教学起点和重点,有序、优化地安排教学诸要素,形成教学方案的过程[②].

尽管不同的人由于对学习原理的理解与教学主张存在差异,并由此产生不同的教学设计概念,但是教学设计的过程都有着共同的基本假设,那就是教学

---

① 何克抗.教学系统设计[M].北京:高等教育出版社,2006.
② 石熙园.基于PCK内涵视角的初中数学教学设计[J].教育理论与实践,2018,38(35):52-54.

设计是服务于学习者达成学习目标,受制于如学习者动机、兴趣、认知水平、行为习惯等诸多学习变量,而且不同类型的学习内容需要不同的教学设计[①].

(三) 备课与教学设计的关系

如果把教学设计理论比作浮力原理,备课实践则好比浮力原理指导下的造船技术[②].备课是一个以教学设计为抓手的系统工程,教学设计是对备课内涵与价值以及备课要素的确认,是备课的系统表现形式,是体现专业性要求的备课的重要手段.教学设计赋予备课以清晰的框架与核心要素,备课赋予教学设计基本理念、内容呈现与活动组织.

需要强调的是,简单地认为备课只是一个教学元素,是对备课浮于表面难达本质的浅显认知.备课不只是写教案,因此,教学设计并非简单地等同于写教学脚本与PPT设计.如果说教案设计主要是对知识点进行安排,那么教学设计就是通过对"知识与知识之间的关系""学生与知识之间的关系"以及"生生与师生之间的关系"进行安排.从这个意义上说,备课,还包括备各种关系.设计的背后,是在构建各种教学关系,需要在教学设计要素与设计过程中充分体现.

不可否认,备课与教学设计既有联系又有区别[③]:

(1) 备课与教学设计之间的联系为:备课是教学设计的初级阶段,教学设计是备课的专业化要求.教学设计更侧重于指导思想和整体的设计方案、方法、模式、框架等方面的考虑.教学设计包括的要素有设计的依据、指导思想、学习者学习目标、教学过程、教学策略、教学评价等.

(2) 备课与教学设计的区别为:教学设计不只限于研究教材、教法、教师怎样教,和备课相比较,教学设计更多考虑学生的有效学习,着眼于学生的全面发展,树立以人为本的理念,体现素质教育和德育,体现人文精神和科学精神;改革课堂教学模式,改变学生的学习方式;用信息技术与教学整合开发各种教学资源等.

但是,不难发现,上述观点的陈述模型为"A与B有区别,因为B比A更侧重于C",至于什么是A以及A与C之间有何联系,并没有给出清晰的阐释与

---

① 加涅.教学设计原理[M].上海:华东师范大学出版社,2019.
② 张爱军.备课专业化[M].北京师范大学出版社,2020.
③ 吴教育.职业教育课程教学设计方法与实践[R].深圳市中职学校青年教师教学能力提升专项培训,2022:6.

分析,显然这样的观点缺乏自洽合理的逻辑关系与说服力.

作为教学设计大师的加涅设想的教学步骤,可以为两者关系提供思路:① 以行为的方式叙述所界定的表现目标;② 以学习阶层和任务分析为依据构想教学的进程;③ 筹划教学实践,拟定教学活动,为特定学习结果准备学习的条件;④ 决定评价学生表现的标准、方法和工具.

基于加涅的教学设计理论,教学设计具有心理学基础与学习理论支持体系.

首先,教学设计是根据课程标准要求,以建构主义理论为指导,用系统的观点将学情、教材、目标、活动、策略等诸因素进行融合并确立教学方案的设想与计划的过程.

其次,教学设计是执教者对教学目标的理解与描述,也是对学习者学习期望的表达与传递.教学设计聚焦于教学方案的确立,既要有理论依据,又要具有可操作性.

再次,教学设计是基于学习心理学、教育心理学与信息加工理论、教育目标分类理论等教学原理的创造性应用,还是一种基于学与教相互作用的情绪劳动.

综上可以看到,教学设计承载着备课的所有内容与各种要素,是备课的文本输出与表现形式,教学设计的过程,即是备课的科学性与艺术性相结合的过程.

为了叙述的方便,本书视备课即为教学设计.

根据核心素养内涵的一致性、表述的整体性以及表现的阶段性特点,教学设计也要相应地体现其一致性、整体性以及阶段性.其中,一致性是指,教学设计从概念提出到实际应用其内涵一致,最终实现教学表达一致.比如,通过计数单位概念,将不同分母的分数进行通分后再做加减运算或比较大小,计数单位统领数学运算,实现数学运算内涵的一致性表达(见第五章第三节学习任务设计举例).又如,将除法看成是乘法的逆运算,使得乘法与除法的内涵保持一致.整体性,是指教学设计作为知识结构与相应的核心素养之间的桥梁,使之成为一个整体.如函数单调性的教学设计,将函数单调性的概念构建与数学抽象、逻辑推理、数学运算以及数学建模四大核心素养的培育相互贯通,融为一体(见第六章案例3 函数的单调性).阶段性是指,教学设计既要关注数学知识进阶,也要关注相应的核心素养进阶.如小学阶段注重模型意识,初中阶段注重模型观念,高中阶段注重数学建模,从意识到观念再到建模,素养随着年龄增长逐渐发展提升.

因此,核心素养视域下的数学备课新思维,要根据其内涵的一致性、表述的整体性以及表现的阶段性,进行整体设计、分步实施.

二、备课的类型

根据备课的内容、备课的范围、备课的目的以及备课的时长等不同属性,可以将备课作如下划分.

(一)个人备课与集体备课

个人备课,备课的主体是个人,如日常教学或为教师资格考试准备的教学设计,属于个人备课.

集体备课,备课的主体是教研组或课题组,如基于大概念与大主题的单元课、教师代表教研组或学校执教示范课或公开课或比赛课,往往需要团队共同参与,属于集体备课.

事实上,基于新课标核心素养视域下的备课,要充分考虑核心素养的一致性、整体性与阶段性特点,集体研讨或区域教研,进行全学年、全学段、全学校甚至跨市区的集体备课.集体备课,正成为当前新课改的一种主流备课形式.

(二)单节备课与单元备课

单节备课,备课以节为单位,备课内容往往围绕一个数学概念的产生,或数学定理、公式的推导与运用,或某类运算及其法则的开展与应用,常常为一个课时.单元备课,备课的内容是一个单元或一个主题或一个项目,范围相对于单节备课更广泛、更系统,注重学科知识的纵向联系甚至跨学科知识联系,伴随有大概念与核心知识的形成与产生,常常是多于一个课时,甚至以教学周来计算.

(三)常规备课与比赛备课

常规备课,即为日常课堂教学而准备的教学设计,倾向于简约、高效、实用.比赛备课,则基于比赛规则与要求而准备的教学设计及资源呈现,通常需要不断修改、推敲、磨合,期望以最佳水平展示给专家与同行.

（四）新课备课与复习备课

备新课,其重点是数学知识从现象到本质的探讨,或者在问题的驱动下产生认知冲突,寻找新的解决方案,构建新的知识观念,注重学生经历知识产生与创造性体验,注重学生经历感性认知到理性认知的飞跃.

备复习课,需要以新课为基础,在学生掌握知识本质后解释概念、规则与现象,验证结论,更加侧重知识的归纳、总结,实现知识的系统化、结构化及思想方法的凝练与融合以及应用.

（五）学期备课与学年备课

学期备课与学年备课,时间为一个学期或一个学年.根据学科培养目标,以更加宏观的视角,站在战略性的高度,着眼整体,统揽全局,循序渐进,层层落实,对未来作出系统性学习规划与进度安排以及课时分配等.又或是对一个学期、一个学年甚至是多年循环的学习内容进行结构化、系统化整理.期末复习、中考复习或高考复习就属于这种情况.

第二节 备课的价值

备课,旨在为上好一节课做准备,对教学活动的有效开展与教学质量起着关键的作用.备课的过程,是根据教材与学生认知水平对课题学习设置目标,依据目标对教学活动做出安排与规划,形成教学方案的过程.

本书的一个基本观点是:没有上不好的课,只有没备好的课.如果把教学比作一颗苹果树,成绩是果子的话,则课堂教学好比树干和树枝,备课好比树根[1].这句话生动地诠释了备课的意义与价值.备课是教学质量的根基,没有备课的课堂教学,如同失去根基的果树,难以达成目标.

长期以来,一线教师都在致力于解决四个基本问题:

(1)在有限的课堂教学时间内,什么值得学生学习?

---

[1] 张爱军.备课专业化[M].长春:东北师范大学出版社,2020.

(2) 如何计划和进行教学才能使大部分学生获得有意义的学习？

(3) 如何选择或设计测评工具和程序才能获得学生学习情况的准确信息？

(4) 如何确保目标、教学和测评彼此一致？

备课，正是为探索上述四个基本问题而产生的解决方案. 如前言所述：一方课堂藏宇宙，半支粉笔绘乾坤. 笔者在多年的教学实践与教学研究中深刻体会到：备课，能使教师与学生有备而来，为师生、生生在课堂上相遇与互动制造机会，迸发出思想的火花与精彩的观念，通过一场场对话与思维碰撞，探寻并逐渐接近问题的有效解决方案.

在新课标的大背景下，我们更应认识到：备课，是对教学改革要求、课程标准的思考与回应，是对教学内容的结构化重组，是有效教学的重要根基，是促进教师的专业成长与发展的基本路径，是知识与能力升华为核心素养的桥梁.

一、备课是有效教学的重要根基

课堂是课程实施与教学活动的重要场所，是学生知识、能力与价值观念生长的空间，是学习评价与教学质量检验的主阵地.

备课，是撬动课堂变革的杠杆. 带着经验与惯性走进课堂和严谨备课走进课堂带来巨大的区别. 这意味着要确保课程的顺利实施、教学质量的提高以及课堂教学的有效开展，不能打无准备之仗. 备课，就是要在战略上有全局观，宏观把控课堂教学诸要素的合理配置与规划，在战术上提供可操作的手段、可执行的方法、可着手的支点，组织学生的学与教师的教.

对于学生而言，课堂是其学校生活的最基本构成，它的质量直接影响学生的发展与成长；对教师而言，课堂教学是职业生活的最基本构成，它的质量直接影响教师的职业感受与态度、专业水平的发展和生命价值的体现.

向课堂要质量等价于向备课要质量. 课堂质量问题往往是备课质量问题，与备课观念、备课策略、备课思维密切相关.

建立起"学生为中心"的备课观，是有效教学开展的根本保证. 如果备课只是备"教的需要"，忽略"学的需要"，课堂就会失去生命力.

例如，"对数"概念的提出，源于一类学习指数问题的"无能为力". 备课过程中，缺乏这个认识，教师在课堂上直接给出"对数"的概念与运算法则，那么"对数"的出现不仅"了无生趣"，而且错失了解数学史上"对数"作为与"坐标系""微积分"可以平分秋色的 17 世纪三大数学发明之一的价值与意义.

备课的起点,是我们希望学生在什么情况下建立起"对数"的概念,并愿意为这个概念的获得进行"刨根问底"的探索.因此,我们可以设计认知冲突,通过问题驱动,引入"对数"概念.

备课 1:

提出问题:已知 $2^3=8$,那么 $2^?=9$(问题驱动).

分析问题:我们知道 $2^3=8$,$2^4=16$,可以猜想"?"应该是介于 3 与 4 之间的一个数(引入猜想).

【点评】 备目标,备问题,备猜想,备认知冲突,备求而不得,"对数"的概念呼之欲出,引入"对数"的必要性一目了然,引入概念的时机水到渠成.

备课 2:

直接给出"对数"定义:如果 $a^b=N(a>0,a\neq 1)$,则 b 叫作以 a 为底的对数,记作 $b=\log_a N(a>0,a\neq 1)$.

【点评】 "对数"的定义"从天而降",学习者被告知概念,仅仅通过听觉接收到一个信息,通过视觉认识一个符号,无法获得知识的智能意义(为什么)与文化意义(探究精神、数学观念),被动学习.课程学习目标难以达成,教学质量就失去保障.

再如,对"弧度制"的学习,如果只是以介绍的方式进行,就难免机械生硬,学生难以明白学习"弧度制"的必要性,学习"弧度制"就丢失了核心素养生长的根基,教学也就仅仅表现为知识的灌输与浅层的获取.因此备课时,要从"弧度制"引入的必要性入手,通过对长度、面积、体积等度量单位的比较,类比推理"角"的度量单位的多样性,将发展学生类比推理的核心素养融入学习之中,确保教学的有效性.

二、备课是促进教师专业发展的基本路径与课改的关键环节

备课,是教师的一项基本功,关乎教师能否立足讲台,影响着教师的职业成长与专业发展.备课,是教师建立在专业素养的基础上,对课堂教学要素的理解、规划与实施的一项技术活.因此,备课具有其专业属性与技术属性,备课能力是评价教师专业技能水平与教学能力的重要指标.更重要的是,备课过程中要不断自我观照教学方式,改进教学理念,实现教学相长.一个备课敷衍的教师

无法设计出精品课程,上出好课.

如图 2.2 所示,将算术平方根与时钟读数相结合,将完全平方数的算术平方根与时间整点建立一一对应,体现直观想象素养,可谓别出心裁,让人眼前一亮.

图 2.2

这样的备课思路,需要执教者具有长期的素材积累、化归思想意识与知识的可视化策略,才能巧妙地将两个看似无关的问题联系起来,体现了执教者的创新思维能力与专业素养水平.

由于教师的专业发展是教育改革特别是课程改革成败的关键,因此,备课的意义不仅是促进教师专业发展的基本路径,还是课程改革的关键环节.

三、备课是发展核心素养与实现育人价值的阶梯

备课的意义之一是让课堂充满学科特色与人文关怀,构建师生之间的共同话语体系.

备课,是从课标到课堂的桥梁,是发展核心素养与实现学科育人价值的阶梯. 备课的过程,就是根据教育教学理论、教学主张,融合新课标要求,将新课标理念、新课标意识、新课标文化以及价值追求进行表达与输出的过程,是将隐形思维显性表达的过程.

数学学科备课,备数学内容的关系、结构与模式,备目标、任务、活动的一致性,备真实情境中解决数学问题所需要的知识经验、观念方法、关键能力与思维品质,也即备数学核心素养.

从数学课程性质看,数学承载着思想和文化,是人类文明的重要组成部分,是自然科学的重要基础,在社会科学中发挥着越来越重要的作用. 数学的应用

渗透到现代社会的各个方面,直接为社会创造价值,推动社会生产力的发展.随着大数据分析、人工智能的发展,数学研究和应用领域不断拓展.所有这些数学学科的本质特征与育人价值,都可以在备课的过程中得到体现.

由于数学研究是一个从具体到抽象,从特殊到一般的过程,数学概念的形成、结论的建立、方法的革新、分支的发展,无一不体现出扩张化与一般化精神.

如对"复数"的学习,如果直接引入虚数单位,给出"复数"的概念,那么这样的教学忽略了数系之根,有一种"硬着陆"的感觉.但是,备课过程中,如果备数系的扩张与发展,从自然数到整数、有理数、实数、复数、超复数的扩充历程,追根溯源,那么对数的认识就是系统的,具有层次化、一般化的建构,是数学创新精神与一般化精神的体现.

又如,借由两千多年前庄子的"一日之棰,日取其半,万世不竭",将充满智慧的诗句,进行语义转换,引出数列 $1, \frac{1}{2}, \frac{1}{4}, \frac{1}{8}, \frac{1}{16}, \cdots, \frac{1}{2^n}, \cdots$,既是对中华优秀传统文化的传承,也是对庄子智慧的致敬,还是跨科融合的示范,更是对极限思想与等比数列结合的完美表达[①].这是建立在学科专业视角下核心素养表达的备课思维方式.

第三节 传统备课的主要问题

我们已经认识到备课的意义与价值,但现实中的传统备课还是存在不少问题的.

传统的备课局限于"经验教学""知识教学""应试教学",传统的备课虽然也强调"备学生",可事实上还是强调教师的个人意志、权威力量和中心地位.传统的备课注重过程的预设,忽略课堂教学的生成;传统的备课以考试为导向,忽略实践性、过程性的探究.

不可否认的是,导致传统备课诸多问题的原因之一,与传统的听课、评课不

---

① 杨宏英.融入课程思政元素,丰富数学课程内涵[J].特区教育,2022(5):15-16.

无关系.当前学校听课、评课主要关注师生课堂各项教与学的外部活动表现,以学科知识与技能为主;关注教学内容设计、例题与习题讲解、学生作答情况与答对比例;关注学习资源使用、课堂活跃程度等.课堂教学评价,往往凭借个体经验判断,仅停留在知识与技能学习的浅层,很少从兴趣培养、素养培育、社会交往等角度给予精准量化评价.听课、评课的这种局面,使得备课更加惯性化、经验化,重学科知识、轻学科教育,重教师权威地位、轻学生情感体验,重理论、轻实践,重形式、轻本质.

一、教学理念经验为本

教学经验是长期教学实践积累的结果,具有科学性的经验弥足珍贵.许多学校都有师傅徒弟结对子,衣钵相传,老教师或资深教师的教学经验往往成为年轻教师的范本,甚至有一种普遍现象,许多学校对教龄长的教师视为"经验丰富的教师".但经验是否具有合理性、科学性、系统性与普适性?是否在不同的时代背景与教学情境以及个体差异的情况下,能够照搬复制?

缺乏科学性、未经审视和省察的经验不值得推广与学习.现实中,教学经验更多的是一种来自执教者本人与同事以及管理者的主观判断,缺乏科学有效的评估,加上备课质量的评估本身是一件系统工程,是一项有难度的工作,往往导致"经验就是标准"的现象发生.

在经验的驱动下备课,教师容易忽略学习者的状态,注重"教的目标"预设,忽略"学的目标"生成.因此,我们经常看到,有些学校组织了许多教学活动,教研组开展了不少听课、评课研讨活动,教师们学习了许多备课经验,但所做的教学设计依然不尽如人意,究其原因,就是经验为本、缺乏科学的备课理念所致.

二、教学目标知识为本

教学目标,是引导学习、教学和评估的重要因素,是课堂教学的航标灯,也是衡量备课质量的重要指标[①].

传统备课问题,主要备教师的教、备知识的传授,缺乏对学的目标的关注,

---

① 张爱军.备课专业化[M].长春:东北师范大学出版社,2020.

重视教,忽略学,导致学与教分离.

传统备课的教学目标,缺乏对"学生在哪""学生能到哪""学生怎么去"的理性思考,也即忽略对"起点""策略""评价"的追问,将课堂教学聚焦于"识记……公式""了解……概念""熟悉……法则",这里的"公式、概念、法则"无一例外都是数学知识的外显形式,而且,这些知识几乎都来自于事实或术语范畴或程序步骤领域,这是典型的知识为本、知识立意的教学设计.知识为本的备课关注解题技巧,甚至备课本成为习题集或解法展示,忽略学情分析,忽略学习的实践性、探索性、协作性,忽略学生的能力目标与素养目标.事实上,知识是通达能力与素养的基础,素养导向的教学,不是要忽略知识,而是要关注知识为基础的能力与素养的获得与发展.同时我们还要认识到,知识为本的根源是关注教师教什么,从这个意义上看,知识为本的背后,折射出的是教师为本的内容讲授与学生客体地位的教学观与备课观.

三、教学活动教师为本

传统备课聚焦"教授(teaching)",而不是"教学(instruction)",教学活动往往以教师为中心,体现教师的意志,学习者的心理基础、行为习惯、动机兴趣等被忽略,学生成为知识的容器与被动学习的对象.陶行知先生曾说过:"论起名字来叫'学校',但是讲起实在来又变成了'教校'.原因就在于,太过注重教了."这段话意味深长,令人深思.

以教师为主体的备课,常常用"让学生……""使学生……"等祈使句式叙写教学目标,思考的是"怎么教"而不是"怎么学","教什么"而不是"学什么","教到什么程度"而不是"学到什么程度","教师的感受"而不是"学生的感受"以及"教师的表现"而不是"学生的表现"等.带着这种思考去备课带来的课堂教学,即使看上去教学活动非常丰富,但主角是教师,要么"教师控场唱独角戏",要么"教师成为最亮的星",师生之间、同伴之间难以产生真正的互动与对话.

四、教学过程形式为本

传统的备课,教学过程从引入到新授、从例题讲解到巩固练习,从提问到板书、从时间分配到任务切割、从知识归纳到作业布置,环节完整.课堂上,可以看到回顾复习或作业点评,看到问题设置或创设情境引入新课,看到点名、提问、奖励、评分等活动设计,但往往形式重于本质,预设重于生成.教学仅关注"教教材",关注环节与程序,关注从教师到学生的信息传递,忽略学生反馈给教师的信息加工,不能体现"提升学习能力,促进素养发展"的本质.

下面以提问、板书以及活动设计为例,看看形式化问题.

案例1:提问形式化,低效无益.

师:已知圆心坐标与半径,可以写出圆标准方程,对不对?

生:对.

师:很好,给第3小组加1分.

案例2:板书形式化,忽略难点.

师:我们已经学习了和角公式,大家要熟记公式并应用公式.

师:计算 $\tan 15°$ 的值.

解:$\tan 15° = \tan(45° - 30°) = \dfrac{\tan 45° - \tan 30°}{1 + \tan 45° \tan 30°} = 2 - \sqrt{3}$.

案例3:活动形式化,高耗低效.

教学背景:课程思政公开课.

活动环节:学生将所有课桌移开,给教室中央腾出一片空地,在空地上铺上一张巨大的中国地图.

师:利用方位图所学知识进行省市所在位置抢答,抢答同学站到确认位置.

师:北京东偏北约45°是哪里?

生:辽宁、吉林和黑龙江.

【点评】 案例1的提问属于封闭式提问,毫无意义.加分环节,更是走形式,因为没有技术含量的提问,不仅不能对学生真正起到激励作用,反而会滋长课堂的功利化倾向,为加分而回答问题.

案例2的引导语,建立在教师为中心的立场上,仅对学生提出知识性要求.公式的应用部分,忽略了一个重要的数学运算环节,导致部分运算能力不好的学生举步维艰,即使是运算能力好的学生也可能"步步惊心".事实上,上述公式的应用本身不是难点,难点在最后一步的分式运算,极其复杂.既考查特殊角三角函数值准确代入,还考查繁分数化简,更关键的是最后要进行分母有理化.这个过程,既涉及化简意识,又涉及平方差公式的合理选择.

案例3囿于活动的形式化设计,用巨幅地图作为活动材料,时间成本与制作成本高,纯属浪费,高耗低效.没有巨幅地图,借助信息技术或数学软件,也能实现方位确认.

出现上述问题的原因,就在于备课过度注重形式化,忽略对学情的充分认知,忽略学习的本质是需要经历不断探索,步步为营,才能获得知识,同时获得逻辑推理能力与数学运算素养的提升.

五、教学评价分数为本

传统的备课注重知识目标导向,相应地,教学行为就容易受制于分数导向,通过单一的测验或考试作为学业评价手段.很多学校学期结束的评价指标由三部分组成:平时表现占30%,期中考试成绩占30%,期末考试成绩占40%,就构成了一个学生的学期成绩.其中平时表现基本靠印象,或者,平时的单元测验或课堂测验就等同于平时表现,考试作为唯一评价手段,主要还是依赖考试打分.

分数评价是一种手段,但不应该成为唯一手段.教学设计过程中,忽略学习、教学、评估的一致性设计,就必然出现学习目标与教学活动脱节,教学活动与任务评估分离,学习目标与评估任务错位等情况.

学教评一致性设计是备课的黄金法则(见第三章第三节),备课过程中需要做课标拆解与分析.由于教学活动服务于学习目标,同时还要与评估任务匹配,比单纯以考试分数完成学业评价复杂得多.

案例4:"等比数列求和"一课中,教师引入了连续几年来西北沙漠种植胡杨木的数据,课堂上教师要求小组合作讨论:通过本课题的学习,获得什么启示?小组分享的情况大多为:保护环境,人人有责.

【点评】 这是一个没有标准答案的开放性问题,得到的回答却惊人相似.究其原因,是在教学设计的过程中,不仅问题过于宽泛,而且以一个难以判断与评估的提问作为任务评估方式,与学习期望目标指向未能保持一致.将沙漠种植胡杨木数据构成的等比数列作为教学活动素材,是一个构建真实情境的不错选择,但是该情境的引入,不仅是要启发学生建立环境保护意识,更重要的是学会用数学的眼光洞察问题,用数学的思维分析问题,用数学的语言表达问题,用数学的方法解决问题,将数学与生活联结,建立数学模型,理解数学应用价值,这才是该课题的核心目标,也即素养目标.其中"洞察""分析""表达""解决"是与核心素养目标要求一致的可检验的学习行为,与学习者的关键能力、必备品格相关联.

案例5:据一项持续20年的实证研究[①]反馈,那些从业15年以上的职员表示,系统的专业理论学习比短期突击的技能培训更重要,因为专业理论涵盖工作原理、策略与方法.此外,这些有着多年从业经验的职员表示,他们的知识与能力主要来自于实践而不是课堂.

【启示】 个人适应终身发展与社会发展所需的关键能力与必备品格,来自于持续的学习能力,这也是核心素养的价值所在.改变备课固化思维,聚焦核心素养导向的教学设计,是时代的要求.

第四节 备课的视角转换

新课标能否落地生根,取决于教师的观念是否真正发生转变以及教师是否具备相应的备课智慧.由此,我们不仅需要打破传统备课惯性,改变教学供给侧的固有认知,主动适应新课程标准、适应教育信息技术,还要善于学习现代教学设计理论,探索教学设计的基本要素、基本原理及基本策略,构建符合新课标的数学备课新思维.

面对一个原始问题,备课过程中积极创建"你是怎么想的"与"你是怎么想到的"认知活动;面对一个熟悉的问题,备课过程中积极创建"你为什么这么想"与"你还可以怎么想"的认知活动,揭示思维从无到有、从有到优的过程.那么,备课促进学习有效发生的意义才有实现的可能.

好的课堂,有赖于好的教学设计.好的课堂,不仅有趣,而且有效.学生深深被课堂所吸引,积极参与学习活动,学习过程中心情愉悦.教师不仅完成教学任务,更重要的是,学生能在课堂上收获知识的增长,能力的提高,获得积极的情感体验,形成正确的价值观与意志品格.

在上一节中,我们对传统备课备受诟病的五个方面做了梳理,其主要问题表现在备课理念、备课方法与备课质量上.因此,基于传统备课存在的问题,备

---

① 杨结.应用性人才培养的实践与探索——以旅游管理专业为例//2022年广东省中职学校教研员能力提升研修讲座[R].2022-08-24.

课应聚焦于有效教学的需求,依托核心素养导向,相应地对备课作升级改造.在新课标理念的指导下,识变、应变、善变、求变,以现代教学设计方法对传统备课进行视角转换.

一、化经验驱动为数据驱动

大数据背景下的教学,备课要备数据、备资源、备信息技术融合策略,通过设计数据问卷,收集数据资源,分析数据信息,打破依靠经验进课堂、上讲台的惯性,用数据说话,化经验驱动为数据驱动,科学精准指导教学.

进一步地,充分利用信息化技术与云端教学,重构课堂边界,实现优质资源共享、共建.通过数据记录过去,预测未来.数据驱动下的课堂,有益于促进教育个性化与教育公平.

如学习一元二次不等式,可以设计一元二次方程与二次函数图像的前测,通过学习 APP 收集学习者解一元二次方程的能力与二次函数的图像、性质等知识储备的相关数据,用数据分析学生的最近发展区,通过数据设计学习的起点,从而驱动教学的个性化,精准备课,而不是依靠所谓的"经验"刷题.

二、化教师中心为学生中心

新一轮的课程改革方向,要求从"依靠教"的逻辑转变为"依靠学"的逻辑,从"以教师为中心、以教代学"转变为"以学生为中心,以学定教".如果说,学生的学习基础是起点,素养为导向,学习目标是终点,学习为主线,学情为依据,习得为重点,那么,以学生为中心的教师导学和资源支持就是相应的学习保障.

根据加涅的学习理论,学习是一个导致学习者的倾向与性能发生变化的过程,这一变化可以反映在行为上.因此,要通过"对话与连接",学生不仅"学进去",更重要的是"讲出来、写下来、做出来",也即学习者有意识、有机会进行学习输出,体现化教师中心为学生中心的教学设计,消除"目标主语是学生"而"过程主语为教师"的矛盾,将目标主语与过程主语相统一.只有学生在确认了"这件事对我重不重要、我愿不愿意去学、我能不能学"这三个问题,学习才会因为有动力而得以开启.

需要强调的是,教与学是教学中的基本问题,教与学这一基本关系处理不当,就会影响整个教学过程,影响教学本质的体现和落实,甚至使教学发生异化.因此要注意预防另一种倾向,那就是"去教学化""去教师化".教学是一个完整的概念,应当建构一个完整的教学过程,以学生的学为核心,并不排斥、更不否定教师的教,恰恰相反,在课堂教学的范畴中没有教师真正的教,就没有学生真正的学;没有教师高水平的教,就没有学生高水平的学.以学习者为中心,也应包括教师在教学过程中获得身份的确认和意义的建构.尤其是,深度学习的发生,在很多时候离不开教师的组织与引导.师生都成为学习者,教与学的关系问题才会真正得到解决.

三、化学科教学为学科教育

新一轮的课程标准强调课程育人导向,体现正确的价值观、必备品格与关键能力.2019年发布的《关于新时代推进高中育人方式变革的指导意见》指出,应"积极探索基于情境、问题导向的互动式、启发式、探究式、体验式等课堂教学".同时,高考评价体系还规定了"情境"作为高考的考察载体,以此来承载考查内容,满足考试要求.一百多年前,著名的教育家陶行知先生主张"生活即教育,教育即生活",强调学科知识与教育相结合.新课标倡导问题导向的学科实践,引发基于真实问题情境下的课堂变革,正是现代教学设计从"学科教学"逻辑转向"学科育人"逻辑的体现.

化学科教学为学科教育的关键点在于,教学设计过程中一方面要遵循学科本质,另一方面要体现科学育人价值,增强学习内容与素养目标的联系,满足学习内容的综合化与实践化要求,突破知识立意,并向素养立意转变.将学科教学转向学科教育,不是忽视学科知识,恰恰相反,是要强调知识的教育附加值,让知识通达素养成为可能.

四、化知识本位为核心素养

传统的教学设计,从教材出发组织教学内容,知识是教学的重点,通过课题知识重点确定学习目标,组织教学活动,实施教学评价,这样的教学逻辑以知识本位为出发点,忽略学习的素养目标.

有学者认为,素养教育要从知识开始[①],但有学者提出,相比于知识获得,更应该加深对知识思想文化内涵的理解和学习能力的形成[②]. 我们知道,数学在形成人的理性思维与科学精神上,具有不可替代的作用. 数学教育承载着落实立德树人与核心素养培养的功能. 苏霍姆林斯基曾指出,要通过情感教育和思维相结合,塑造课堂教学. 朱小蔓先生认为,促进人正向、积极情绪情感状态的持有,不仅是有意义学习的基础条件,也在人的健康习性养成、道德价值观内化以及人格培养等方面发挥着弥散性的效用. 情感,不是作料,而是燃料,能激发学生的思维. 今天,我们更要进一步意识到,以核心素养为导向才能更好地塑造课堂的学与教. 因此,课堂教学需要以具体的知识发生、学习过程以及课程实施为前提,但知识是能力与品格形成的载体,核心素养才是课堂教学的落脚点.

例如,学生建立了角及其平分线的概念(知识),解释射线与角的两边的位置(关系),利用尺规作图,作出已知角的平分线(技能),能够证明所作射线将角平分成了相等的两个部分(推理). 认知结构逐渐丰富,在思维品质的螺旋式上升中,获得逻辑推理能力的核心素养.

可见,学习过程不只是关注知识点,更关注核心素养. 以知识点为主要目标,大多是基于离散的知识点与孤立数学概念确立课堂教学系统. 知识点目标是阶段性目标,是小步子、小阶段,素养目标更大并且具有整体性. 其次,素养目标不是靠上一节课、也不是靠听就能听出来的,要强化学科实践.

但是,强调素养并非舍去知识,没有知识,素养成为"空穴来风",知识是素养形成的基础,是素养的一部分. 为确保知识学习、能力提升并重,需要根据学情,重组数学学习内容,优化数学知识结构,建立数学概念之间的联系,构建基于真实情境的数学学习任务与实践活动,改变课堂教学范式.

学科教学不仅要带来学科知识,还要增加学生对知识学习的持续性,去逐步实现知识的结构化,学会知识的迁移与应用,在具体知识的学习过程中,不断丰富情感与体验,形成积极的人生观与价值观.

基于上述认识,化知识本位为核心素养的教学设计,进一步强调基础知识、基本技能、基本思想及基本活动经验的获得与发展,形成正确的情感、态度、价

---

① 王策三. 认真对待"轻视知识"的教育思潮[J]. 北京大学教育评论,2004(3):5-23.
② 钟启泉,有宝华. 认真对待"轻视知识"的教育思潮读后感[J]. 教育发展研究,2004(10):29.

值观，即根据核心素养要求，从核心素养为导向的目标出发，构建能够帮助目标实现的教学路径与可操作的评估任务，制订学习计划，将核心素养转化为持续的学习实践.

五、化结果评价为综合评价

马克思关于人的全面发展学说指出：人应该具有全面而深刻的感觉，对生活的认识和参与是多方面的、多层次的，通过自己健全的感觉技能，全面领悟他生活的世界[①]. 马克思认为，"人以一种全面的方式，也即完整的人，占有自己的全部本质"，其视野下的"完整的人"是对我们"培养怎样的人"的有力支持. 因此，我们的教学设计评价，要有"完整的人"的评价眼光与格局，而不是将人视为分数机器或所谓的"小镇做题家".

新课程标准要求：课程目标素养化，把知识、能力、价值观念、品格要求综合呈现；课程内容结构化、生活化；课程实施要基于真实情境与问题解决展开，具有实践性、研究性、项目化、合作化特点；课程评价，追求过程性与增值性，改进结果性，强化综合性.

由于素养导向的学科实践超越了传统知识传授的学习方式，这在很大程度上给出了学习评价的改革信号，也即体现评价的过程性. 基于新课标要求，教学设计要改变分数为本的评价导向，在学习目标、教学活动与学习任务中，嵌入真实问题情境，将"知识、能力、情感"三维价值观（很多时候，实际上是三条独立的，彼此没有逻辑关系的目标堆砌），升级为"必备知识、关键能力、核心价值观"的"素养化"目标，体现过程性、增值性、综合性评价.

过程性评价主要包括课堂表现情况、课内外作业完成情况、开放式活动中的表现情况、知识测试（单元考核、章节知识测试）情况等，要结合学生在数学学科竞赛、小论文、小发明和社会实践等方面的表现.

结果性评价主要包括学业水平考试、限定性选修内容考试和升学考试. 学业水平评价方案应合理设置各评价要素所占权重，全面评价学生数学知识的学习和掌握情况、数学学科核心素养的达成情况，注重信息技术在评价中的应用，

[①] 舒心心，穆艳杰. 试析马克思视野下"完整的人"及其理论意义[J]. 东北师范大学学报（哲学社会科学版），2014(5)：56-83.

关注评价的多元性和多样性.

学业水平评价应有利于增强学生学习数学的自信心,提高学生学习数学的兴趣,促进学生养成良好的数学学习习惯;应关注学生的进步、已经掌握的知识和具备的能力,进一步发展和提升数学学科核心素养;应有利于学生的个性特征发展,为学生提供长期、具体的指导.

新课程改革方案指出,新高考实际上要回答"为什么考?""考什么?""怎么考?"的问题."立德树人、服务选才、引导教学"是对"为什么考"的回答."核心价值、学科素养、关键能力、必备知识"是对"考什么"的回答."基础性、综合性、应用性、创造性"是对"怎么考"的回答.

在评价理念上,实现"知识立意与能力立意"向"价值引领、素养导向、能力为重、知识为基"转变.在评价模式上,实现主要基于"考查内容"的一维评价模式向"考查内容、考查要求、考查载体"三位一体评价模式转变.

无论是义务教育阶段还是高中教育阶段,化结果评价为综合性评价是核心素养导向的选择.

第三章 核心素养视域下的备课新思维

课堂变革,要通过教学变革与思维变革实现.核心素养视域下的备课新思维,是对这场变革的最好回应.那么,备课新思维,新在何处?有何基本要素?应该秉承什么理念,通过何种方法构建备课新思维?本章将从教学要素如何影响备课基本要素、反思传统备课存在问题继而转换视角构建备课基本理念以及基于核心素养导向的学教评一致性备课黄金法则等方面展开讨论.

第一节 备课基本要素

备课,不能简单地理解为备"课",应该是备"课堂"."课"与"课堂"的区别在于前者注重内容,后者不仅注重内容,还注重构成教学系统的"人"的因素,是一个有机生命体.教学内容是确定的,人却具有个体差异,在教学系统中因为差异存在不确定性.这种不确定性表现在学习者认知水平与认知结构的多样性与发展性以及教学要素关系的变化上.因此,备"课堂"比备"课"更为丰富与深刻,"课堂"比"课"更有温度与生命力.备课的过程,目标是"课堂",而不是"课".就像人们规划自己的生活时,追求的不是"房子",而是"家".

如果说,课程标准明确了"是什么"和"为什么",那么备课的关注点是"怎么办",也即备课要基于学习预期目标、学情以及教学内容展开.备课会受前一次课题学习的目标达成的影响,也会因课堂上学生学习情况的变化而改变,还会受制于执教者当下的心理状态等因素.每一个执教者都将自己对学习原理的理解与教学主张以及如何最佳地安排教学结构带到教学过程中,即使面对同一个课题,依然有不同的教学思路,形成不同的教学设计,产生同课异构.

虽然从学习目标到教学内容,从教学活动到评估任务都呈现出动态变化的特点,但备课的基本要素又有相对的稳定性.

研究备课的基本要素,先要了解教学的基本要素.不同学者对于教学要素有不同的看法,概括起来,课堂教学有七个基本要素(见表3.1),其中学生、教师、目标与课程是教学的构成要素,方法、环境与反馈是教学的影响要素.

表3.1 教学七要素

序号	教学要素	要素说明
1	学生	学习主体
2	教师	教学导体
3	目标	教学导向
4	课程	教学依据
5	方法	教学手段
6	环境	教学空间
7	反馈	评价反思

结合教学的基本要素,再根据备课的内涵与外延,概括起来,备课有八个基本要素(表3.2).

备课第一要素是学习目标,它是教学活动的出发点,也是教学活动的归宿."如果你不知道目的地在哪里,那么你就不能规划你的行程."于学习而言,也是如此.在回答"学什么"之前,我们先要思考我们希望学生学习后"得到什么"或"发展了什么",也即要明确学习目标,做到"心中有数""眼里有人".

有效学习的发生,需要学生的内部条件与外部条件构成的学情支撑,学情是备课的第二要素.学习内容的选择、呈现及其地位,是以教材为基础的第三要素.如何组织学生活动,协调教师活动,建立起活动框架,则是围绕目标达成的又一个重要环节,因此,活动是备课的第四要素.教学过程的有序性与计划性,学习环节的连接与时间安排,以流程的形式构成备课的第五要素.可评估、可观测的任务,是以目标为核心的载体,实现目标的有效方法以及与学习目标匹配的各类教学资源等,都是影响教学各要素的重要组成部分.

表 3.2　备课八要素

序号	备课要素	要素说明
1	目标	解读课程目标并转化为学习目标
2	学情	学生的内部条件与外部条件
3	教材	学习内容的地位、组织与重构
4	活动	学生活动与教师活动
5	流程	学习环节的先后顺序与时间分配
6	任务	可评估、可观测目标是否达成的任务
7	策略	实现学习目标的有效方法
8	资源	学习目标与教学匹配的教学资源

备课各个要素,是教学设计过程中需要合理统筹配置的"零部件",各司其职,形成一个相互联系、相互作用的整体.善用这些"零部件"设计出来的作品才能既协调美观,又友好实用.

比较可以发现,相对于教学要素而言,备课要素中,没有教师,这是因为教师本身就是活动要素(表 3.2 中第 4 个要素)的组成部分.其次,于教学而言,反馈即评价,而对于备课而言,评价被镶嵌于评估任务当中.此外,笔者认为:备课还应该包括"备关系",这种关系体现在"知识与知识之间的关系(逻辑关系)"、"学生与知识之间的关系(主体与客体的关系)"、"学生与学生之间的关系(同伴关系)"、"学生与教师之间的关系(师生关系)",这些关系融入教与学的活动和教学流程以及评估任务中.如构建良性、健康、安全的师生关系,学习才能够真实有效地发生,而不是配合教师的需要或应付任务的需要,避免产生虚假学习.

第二节 备课基本理念

备课的基本理念是对备课价值、要素、原则与策略等方面的基本认识、观念与态度的综合体现.备课的载体是教学设计,因此教学设计承载着备课的基本理念.换言之,备课基本理念通过教学设计呈现.新课程方案与新课程标准突出强调学习者的个人修养、社会关爱、家国情怀,更加注重自主发展、合作参与、创新实践.因此,教学设计要基于核心素养的价值取向,以作为完整的人的学生为中心,发展核心素养为宗旨,以学习目标为导向,创设真实的问题情境,融入课程思政元素,丰富数学课程内涵,兼顾课堂教学的预设与生成.

一、教学设计要以发展学生核心素养为宗旨

新一轮的课程标准指出:数学课程以学生发展为本,落实立德树人根本任务,培育科学精神和创新意识,强调学生要通过数学学习,形成和发展面向未来社会和个人发展所需的核心素养.核心素养是在数学学习的过程中逐渐形成与发展的,不同阶段的发展水平不同,知识、能力与品质相互促进、相互作用,形成核心素养,因此,核心素养是教学设计的主线,教学设计围绕核心素养展开(图3.1).

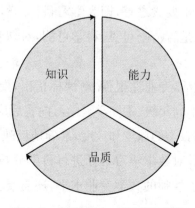

图 3.1 知识、能力、品质相互促进

备课过程中,理应从知识是如何发生着手,将其与学习目标和内容、学习过程与实施相联结,这是教学设计必须思考的基本问题.核心素养的本质是教育导向问题,是有关人的发展问题.核心素养不是空中楼阁,核心素养应该遵循学生身心发展规律而进行培养与发展.

在高中阶段,我们习惯以应对高考来设计、实施教学,在课程实践中很难顾及学生的发展需求及成长规律[①].其结果往往是让学生去适应高强度、快跑步式的教学,而不是根据每个学生的实际提供适合其发展的教育,课堂教学重视解题技能的训练导致教育目标的失衡,这种状况加剧了学生丧失数学学习的兴趣与信心.事实上,数学教学不仅关注数学知识、技能的传授,也关注思想的感悟与经验的积累;不仅关注数学能力的培养,也关注学生情感态度与价值观的培养.

因此,在新课标背景下,教师的教学设计应以发展学生的核心素养为宗旨,充分体现学生的和谐发展与可持续发展,因材施教,让学生学有所得,得有所长.核心素养强调的是学习了知识或技能之后能做什么,能解决什么问题.核心素养一定要可教、可学、可评,不能评价的就不是目标,至少不是好目标.所以,要灵活选择适合学情的学习活动、教学资源以及可评测的教学目标,确保教学的有效性,处理好数学学科逻辑与学生心理发展逻辑的关系,加强数学教学核心价值取向意识.

二、教学设计要以学习目标为导向

教学设计的八大基本要素之首,即为学习目标.学习目标是教学设计的灵魂.教学目标是否合理,是否清晰可见、科学可测,对课堂教学的定位与走向具有十分重要的作用.

教学设计是个技术活,专业性很强.新课标指出,要根据核心素养体系,明确学生完成不同学段、不同年级、不同学科学习内容后应该达到的程度要求,从而指导教师准确地把握教学的深度和广度,准确地反映人才培养要求.因此,教学设计需要遵循新课标,对数学学习目标进行科学分析与合理设置.与解题不同,教学设计不仅有赖于教师的数学专业水平,还需要教师具有一定的课标分

---

① 史宁中,王尚志.普通高中数学课程标准解读[M].北京:高等教育出版社,2020.

析技术,对课程标准进行解读与提取,继而进一步转化为学习目标.

特别需要强调的是,学习目标与学习结果具有差异.学习目标表示学习者通过学习可能获得什么,是一种预期目标.学习结果则指学习者通过学习实际获得什么,是预期目标与生成目标的叠加.教学设计要思考的就是,一方面如何以学习中心为导向,预设合理的学习目标,设置有意义的学习活动,将学习目标转化为学习结果(图3.2);另一方面,如何给教学留白(事实上,留白也是教学设计的一部分),以应对教学过程的变化,利用生成性课程资源,实现非预期的教学目标,同时又守住预期目标这个教学的灵魂与课堂底线.如果过度重视生成性目标,预期目标落空,教学就会剑走偏锋,陷入教学的误区.

图 3.2　教学设计是学习目标与学习结果的桥梁

三、教学设计要创设真实问题情境

数学课程内容,是实现课程目标的重要载体.从课程内容选择到课程内容的组织,再到课程内容的呈现,要保持相对稳定的学科体系,体现数学学科特征,符合学生的认知规律,同时兼顾跨学科主题学习.来源于客观世界的研究对象与学科特点决定了数学学习需要通过情境化设计来实现.

美国教育家杜威认为,教育的艺术就在于能够创设恰当的情境.学生在知识所依附的情境中亲自探索,才是学习发生的过程,即所谓的"做中学".顾明远指出,情境教学法是用生动的场景唤起学生主动学习的兴趣,提高学习效率的一种教学方法.而在建构主义理论的视域下,知识是学生在教师所创设的一定情境下,借助其他同学或老师的帮助,通过相关的学习资料,最终在头脑中通过意义建构而形成的,而不是仅通过教师传授获得的.

因此,教学设计中,合理创设真实问题情境,促进学生思维联想与知识重组,是有效学习的重要前提.

四、教学设计要善于融入课程思政元素

课程思政是落实立德树人根本任务,发挥课程育人功能,丰富课程内涵的重要途径.教学设计要从专业学科视角,在学科历史与人物、思想与方法、发展与趋势中,寻找文化智慧、理念精神、成就贡献、责任担当等资源,充分挖掘这些资源背后蕴含的课程思政元素,将其融入课堂教学,以丰富数学课程内涵.数学课程不仅是知识的载体,还是学习者通过数学学习活动洞察世界、理解世界、表达世界的媒介.数学教学不仅指向数学概念、数学公式、数学法则以及数学原理,还指向价值观与情感态度体验,所有这些都是来自数学内部的课程思政切入点.

事实上,课程思政元素既存在于数学课程内部,也可通过跨科融合或在时代热点中进行挖掘.数学教学设计需要根据时代特点与学生身心发展规律及其需要,结合新时代追求卓越与勇于创新的精神追求,充分挖掘数学课程中一切真、善、美以及数学之变、数学之新等思政元素,将其纳入课堂教学,致力于学科育人[①].课程思政元素的融入,要自然生动、有亲和力,巧关联、不牵强,避免刻板、夸张.课程思政元素的选择,要遵循大背景、小切口原则,力求适用、合理、有效,避免空洞堆砌或机械植入.

五、教学设计要兼顾好预设与生成

传统的备课,多基于经验与惯性,多关注"教的目标"的预设,忽略"学的目标"的生成.皮亚杰以动态视角看待思维与知识之间的关系,知识决定思维,知识也支持思维的发展[②].从这个意义上看,处理好教学设计的预设与生成关系,也是对学习过程最大的尊重.因为任何一个主题的学习,都会在学习过程中出现知识与思维的动态变化(图3.3).如果把核心素养比作效果图,课程标准是设计图,那么教学设计则是施工图[③].在构建课堂教学的过程中,施工图的意义

---

① 杨宏英.融入课程思政元素,丰富数学课程内涵[J].特区教育,2022(5):15-16.
② 皮亚杰.发生认识论原理[M].王宪钿,译.北京:商务印书馆,1981.
③ 张爱军.备课专业化[M].北京:北京师范大学出版社,2020.

是对设计图给予实施步骤的细化,具有流程与环节特征.

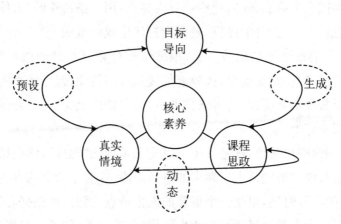

图 3.3　备课五大基本理念相互关联

一些教师常常为教学中是否走完预设流程或步骤而忐忑,或为课堂教学中的突发事件而不知所措.

于是,有人认为要让学生有生成就不能有太多的预设,这恰恰是一个初级阶段的认识,有经验的教师往往对学生的学习情况有充分的预设,这样他才能够在教学过程中自如展开,有足够的自信和可能放手让学生自己去生成.如果教师没有预设到学生可能的回答、可能的思维方法,在课堂上他就不敢放手去生成.因此,教学设计要处理好两者的关系,兼顾预设与生成[①].

事实上,备课提供的教学方案,难免遇到"计划不如变化快"的情形.一个错误或一次意外,可能会破坏或改变教学设想与流程,但如果能够抓住机会,往往可以将错误或意外转化为一场教学活动的自然生成.要做到这一点,需要教师随机应变,处理好"节外生枝"的情形,调整好心态,提高应变能力.若始终秉承追求自然生成的教学理念,那么可能收获的是"不一样的精彩".

案例1:笔者在一次示范课上,执教的课题是"函数的单调性".其中有一个教学环节是利用几何画板动态呈现二次函数图像的运行轨迹,以此引导学生数形结合观察函数值与自变量的变化趋势.运行过程中,教室突然停电,二次函数的图像抛物线戛然消逝在教室前方的屏幕上.当时,我的应急方案是,邀请几个身高不等的学生站上讲台,构成一条"中间低两边高的人体抛物线".孩子们说,

---

① 夏雪梅.以学习为中心的课堂观察[M].北京:教育科学出版社,2021.

函数图像的形态与单调性的对应关系终生难忘.专家说,执教者充分利用学生资源,化不利因素为有利条件,化尴尬点为亮点,用一条特殊的"人体抛物线"给课堂教学制造了一个意外的惊喜,是课堂自然生成的范例.

案例2:某春季学期结束前一周,根据学校计划,《心理健康与职业生涯规划》需进行科目考查.结课前夕,执教老师接到部门通知,督导要来听课.课程已经结束,如果督导不来听课,就可安排考查,为学期画上句号.一开始,执教老师很苦恼:这课不好上.

笔者给同事提出建议:这是一个可以充分策划的"意外",学期结束,恰逢中考最后一天,其他年级则进入学期末的备考阶段,这对于所有的青少年来说,都是一个特殊的心理时期,也是一个重要的人生节点.因此,可根据心理健康的课程特点,结合每个人都会经历的职业生涯规划,确立关于"考查与规划"的课题,聚焦于讨论"考试或考查是学习的结束,还是新的学习的开始?考试与考查是否为人生规划的一部分?"带着这个思考去备课,就不会陷在"课程已经结束,无课可讲"的困境里,"学期的考查预设"有效地转变成"精彩的课题生成".

第三节　备课黄金法则

布鲁姆指出:"教学是一项有目的的理性行为"[1].因此,面对基于理性的教学,我们应该摒弃未经审视的经验与惯性,建立起备课的专业标准与合理路径.那么,教师如何在备课基本理念的指导下,遵循合理的科学原则,将备课的基本要素有机融合,生成有效教学的行动方案呢?

一、"学教评一致性"的备课黄金法则

威金斯和麦克泰认为,课程设置是实现既定学习目标的一种手段,他们将教学视为侧重于特定主题、使用特定资源并选择特定学习指导方法来实现目的

---

[1] 安德森.布鲁姆教育目标分类学[M].北京:外语与教学研究出版社,2019.

的过程[①].

有效教学的促进者、课程与教学专家崔允漷认为:教学准备的核心就是为实现一定的教学目标,教师综合考虑各种资源和影响因素,并做出决定,进而形成相应的方案[②].

而皮亚杰的认识发生论指出,知识与思维具有内在一致性:思维决定知识形成,知识支持思维发展[③].学习目标的达成离不开知识的建构与思维的发展.

可见,无论基于何种理论、何方观点或何方学派,目标达成与否都是教学过程共同的灵魂拷问,而要知道目标是否达成,必须依靠教学测评.

《义务教育课程方案(2022版)》明确指出:"国家课程标准规定课程性质、课程理念、课程目标、课程内容、学业质量和课程实施等,是教材编写、教学、考试评价以及课程实施管理的直接依据."课程性质、课程理念、课程目标、课程内容、学业质量和课程实施这六个板块的内容,涉及教、学、评三个方面,强调教、学、评两两匹配,相互对应,明确要求注重实现"教、学、评的一致性"(为了凸显学习主体地位,本书将这三个要素的一致性统一表述为"学教评一致性").新课程标准不仅是"学、教、评三位一体"的标准,还是"学教评一致性"的重要依据.

"学教评一致性"是指目标、教学、测评之间彼此相符的程度.当三者之间高度不一致时,就会产生问题.如果教学与测评不一致,那么即使高质量的教学也无助于提高学生的测评成绩,相当于用正确的方法做错误的事情.类似地,如果测评与目标不一致,那么测评结果将无法表明目标是否达成,相当于用错误的方法做正确的事情.同样,如果教学与目标不一致,那相当于剑走偏锋,用错误的方法做错误的事情.

综上所述,"学教评一致性"成为数学备课法则,具有理论依据与哲学基础.因此,教学设计的基本思路就应该围绕"目标、教学、评价"三个维度展开,形成"学教评一致性"的备课黄金法则.

[①] 格兰特·威金斯,杰夫·麦克泰.理解力培养与课程设计[M].么加利,译.北京:中国轻工业出版社,2003.
[②] 崔允漷.有效教学[M].上海:华东师范大学出版社,2012.
[③] 皮亚杰.发生认识论[M].王宪钿,译.北京:商务印书馆,1981.

二、"学教评一致性"的内涵

从行为方式上看,学教评一致性是指在课堂教学中,学生的学、教师的教以及学习评价三者之间相互统一. 教师的教服务于学生的学,学习评价是为了促进学生的学.

从内容结构上看,学教评一致性是指学习目标、教学内容与教学测评作为整体,三者具有一致性、匹配性. 教学内容围绕学习目标组织与呈现,教学测评与学习目标形成一一对应关系.

三、"学教评一致性"的备课观

遵循"学教评一致性"黄金法则,即是遵循系统的教学设计观,是对教学过程中学、教、评三维度简单叠加或彼此孤立、分离的批判性反制.

1. 一致性

"学教评一致性"的教学设计,要确保学习目标、评估任务和教学活动三个最基本的部分要保持内在一致. 需要强调的是,学习目标的达成与教学目标的完成是两个概念. 前者表示学生在心理与行为方面产生的有意义的增量与预设一致,后者则表示教师完成预设教学任务.

2. 整体性

"学教评一致性"是基于国家课程标准的三位一体备课理念. 许多现代教学设计理论、学习心理学等有关理论都是舶来品,如美国当代著名的心理学家、教育家本杰明·布鲁姆的《教育目标分类学》全书贯穿一致性理念,处处强调学教评的一致性."学教评一致性"教学设计,必须建立在国际先进教育理念的基础上,参照我国国情编制的新课程标准,树立课标先行的备课意识,取它山之石,进行本土化的探索与实践,也即应具有可操作性,学教评是以"学"为先导的一个整体.

3. 主体性

"学教评一致性"的教学设计,始终把学生主体放在首位,视学习为核心. 源于学习过程中学生的主体性,我们把"学"放在"教"的前面. 这种考量不仅仅是文字形式或顺序的改变,更是教育理念的转变,体现了基于核心素养导向的"生本位"观念,这对于传统的备课而言,是一个理念纠偏.

四、备课的基本步骤

为了遵循"学教评一致性"这一备课原则,践行其背后折射的备课观,教学设计过程中,首先需要理解"学""教""评"三者的逻辑关系:先围绕课标、教材、学情确定学习目标,再围绕学习目标设计评估任务,最后围绕评估任务设计教学过程,简称"三围绕".这个"三围绕"是教学设计的"脊梁骨",好比模特走台步时的那条直线[①].要走好这条直线,不偏离"教学舞台的黄金分割线",应该遵循新课标的学业质量标准进行教学设计.

因为学业质量标准与课程目标、课程内容与实施构成一个完整链条:课程内容决定学什么,课程实施引导怎么学,课程目标决定学到什么程度,而学业质量标准决定怎么评、怎么考.这样就有效解决了学教评一致性问题.因为学业质量标准是以核心素养为主要维度,结合课程内容对学生学业成绩表现的总体刻画,是教学设计的依据与标尺.学业质量标准是连接核心素养与课程标准、考试、评价的桥梁.由此可见,新课标不但规定了学什么、怎么学、学到什么程度,同时还明确指出了考什么、怎么考,这样学教评三者就融为一体,师生依据课标教与学,依据学业质量练与考,学业质量标准成为教学是否超纲的准绳,学教评就能实现核心素养立意的一体化.

基于上述认识,可构建备课基本路径(表 3.3)和如图 3.4 所示的一致性框架.学教评一致性框架凸显了学习为中心的备课观,其中学习目标、学习任务与教学活动围绕学习者展开.

表 3.3 学教评一致性原则下的备课基本步骤

步骤	内容	备注
1	确立学习目标	可视化、可测量
2	设置评估任务	层次性、灵活性
3	组织教学活动	完整性、合理性
4	体现学业质量	学教评两两一致

---

① 张爱军.备课专业化[M].长春:东北师范大学出版社,2020.

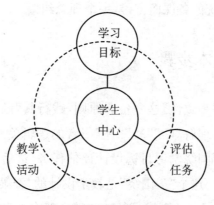

图 3.4 学教评一致性框架

上述备课基本步骤以学习目标先行,再根据预期目标,设置评估任务,并以相应的活动为载体实施教学,确保学教评两两一致.基于上述备课原则与备课步骤,备课分为四步走:

第一步,解读新课标,将课标拆解、分析,根据学情与课程内容,通过语义转换将课标转化为学习目标,并叙写成具体的对象、清晰的主体、可观测的行为;

第二步,紧扣学习目标,适度拓展,根据目标的难易程度、学生的个体性与差异性分解任务,体现任务的层次性、灵活性;

第三步,用任务对应活动的方式设置活动环节,任务与活动间可以是一对一,也可能是一对多或多对一,但活动指向学习目标,体现活动的完整性与合理性;

第四步,根据学业质量要求,确保学习目标、教学活动与评估任务两两一致,审视学与教之间是否匹配,学与评之间是否错位,教与评之间是否脱节.

案例3:一位教师在期末复习"集合""不等式""函数"这三部分的内容时,80%的评估任务集中在函数的单调性与奇偶性上,其任务形式以选择题为主,但在填空题与解答题上又表现出多项任务的简单重叠.显然这不符合上述评估任务要求的层次性与灵活性,难以用评估任务判断学习目标是否达成,因为这个教学设计不具有学教评的一致性.

【点评】 课堂教学与评估任务出现不兼容、不匹配,学习目标与考试评价出现脱节,造成因执教者不同,同一内容任务难度出现相差悬殊的现象,往往源于未能遵循学业质量要求.因此,教学设计中,要根据学业质量要求设计教学目标与教学任务,使得任务与目标形成对应关系.

五、学习目标达成度

"学教评一致性"中第一要素的"学",指的是学习目标.那么,我们如何判断学习目标是否达成呢?为了回答这个问题,我们需要再一次观照教学与学习的本质内涵及其关系."好的设计不是关注浪花掀起带来的彩虹,而是关注海平面是否升起",这句设计学理念给我们醍醐灌顶的启示:好的课堂,不在于教学过程中有多热闹,而在于教学过程中学习行为与心理倾向的变化、学习目标是否达成以及学生真实的学习体验.

加涅认为,教学是经过设计的、有目的地促进学习的一系列事件,史密斯与雷根将教学定义为有目的地促进学习以达成既定目标的活动.

现代认知心理学把学习看作信息的输入、编码、加工、存储、输出与反馈的过程.加涅则将学习界定为人的心理倾向与能力的变化.

综上所述,学与教作为具有辩证统一关系的教学过程的两个侧面,一个共同的根本目的就是作为主体的学习者获得心理发展与能力提升,亦即目标的达成.

我们提倡有效教学,反对课堂教学的高耗低效,实际上就是要聚焦教学方式的变革,体现教学的有效性,提高学习目标达成度.不可否定的是,目标的达成是一个难题.因此,还需要基于前面所述的备课理念、备课原则以及备课路径,进一步探讨学习目标达成度.

所谓学习目标达成度,就是学生经过一节课的学习之后,与上课之初的学习起点相比较所获得的进步程度,也即学习起点与学习终点之间的改变程度.在考察学习目标达成度的过程中,应该包含三个基本维度(表 3.4).

表 3.4 目标达成的判断标准

标准	内涵
预设学习目标的信度	学习目标的合理性
学生学习进步的程度	学习进步的大小
目标达成过程的效度	学习过程的意义

1. 预设学习目标的信度

标准的信度,也即标准的可靠性与合理性.超出学生认知水平的标准,如空中楼阁,可望而不可及.不合理的标准,会将学生引入歧途,所以不考察预设目标的信度就直接讨论目标达成本身就不靠谱.

2. 学生学习进步的程度

学习进步程度也即学习进步的大小.衡量学生是否达标,不能只看学生在课堂学习之后达到什么地方,而是看学生在课堂学习前后的心理与行为改变程度.

3. 目标达成过程的效度

目标达成过程的效度,也即学习过程的意义程度,反映是否能在学生与教师、同伴、自身之间建立起有意义的学习互动,并产生灵活的、深刻的、富有创造性的高水平认知.机械的、刻板的高成就认知(能取得高分,但是基于事实性知识的重复与再现)对判断目标达成毫无意义.

可见目标是否达成,需要建立在目标的设置、学生的变化、学习内容的组织与呈现等方面.但是,怎样进一步判断学习目标是否合理?如何测评学习进步的大小?如何评估学习过程是否有意义呢?我们将在后续章节中讨论课标分析、学情分析、教材分析与目标叙写四个主题,以此服务于学习目标的达成.

六、备课优化反思

根据凯勒(Keller,1987)开发的"ARCS"动机模型系统(表 3.5),备课优化反思的价值在于为学习者提供学习信心与激励,促进有效学习与教学.因此,备课过程中,需要站在学生视角与高效教学视角,不断优化教学设计.

表 3.5　基于"ARCS"动机模型的设计反思

动机类别	设计反思
注意(Attention)	
A1. 知觉唤醒	为吸引学生兴趣,能做什么?
A2. 探究唤醒	怎样才能激发学生的探究兴趣?
A3. 变化	怎样才能维持学生的注意?
适切性(Relevance)	
R1. 目标定向	怎样才能最佳地满足学生的需要?
R2. 动机匹配	怎样、何时才能为学生提供合适的选择?
R3. 熟悉性	怎样才能把教学与学习者的经验联系起来?

续表

动机类别	设计反思
信心(Confidence) C1. 学习要求 C2. 成功机会 C3. 个人控制	在建立对成功的积极期望时,怎样给学生提供帮助? 学习经验怎样支持或提高学生自己胜任力的信念? 学习者怎样清楚地知道,成功是基于自己的努力或能力?
满意(Satisfaction) S1. 自然后果 S2. 积极后果 S3. 平等	怎样才能为学习者提供习得新技能的有意义的机会? 为学习者的成功提供何种强化? 怎样才能帮助学生对自己的成就形成一种积极情感?

七、备课的三重境界

遵循备课的基本理念与基本原则,把握备课的基本要素和基本方法,备好课还需要备课者具有扎实的专业功底与丰富的知识储备.将备课基本理念与备课诸要素以及专业知识技能相结合,才能实现备课境界的不断超越.

有一种观点认为:要给学生一滴水,教师自己得有一桶水.这强调的是知识储备的重要性,但这只是站在教学传授知识单一性与教师主体地位的立场看待备课,此乃备课的第一重境界.

另一种观点认为:要给学生一滴水,教师自己得有常流水.这种观点比前一种观点更进一步,强调执教者的知识要源源不断地输入与更新,才能应对学生"一滴水"的需求,但这也只是站在教师主体的立场看待备课,此乃备课的第二重境界.

事实上,无论教师有多渊博的知识,如果没有让学生获得汲取知识的方法,那渊博的知识还只属于教师自己.

要给学生一滴水,最好是与学生一起探索水源的结构与分布,通过探索获得需要的水、适合的水、优质的水,构建取水的方法与路径.更进一步地,师生共建水源,给数学素养生成注入源源不断的动力,师生共同进入一种持续的学习实践.与前两种观点不同,这是强调学生的主体地位,又没有忽略教师的主导性,学习的主动性、实践性与创造性,此乃备课的第三重境界.

备课的三重境界,是教师专业成长的必经之路,也是构建与新课标同行的备课新思维的价值所在.

第四节 课 标 分 析

上一节中,我们阐述了"学教评一致性"的备课黄金法则,强调我们的备课观是建立在课程标准核心素养要求的基础之上,提出了学习目标达成度的内涵.本节讨论课标分析,旨在为目标叙写提供依据.

课程目标是由课程总目标、阶段目标、课时学习目标三个子目标系统构成的一个总目标系统,数学核心素养是课程总目标的集中体现,是课程目标体系的灵魂.其中,课标中的"学业质量"部分体现了阶段性目标,"内容要求"部分呈现了具体的内容目标.但课程目标还只是对课程目的的一般性概述,强调课程应满足学习者个人终身发展与适应社会发展应该形成的必备品格、关键能力以及正确价值观的核心素养总体需求,与学习目标中具体的行为目标、表现性目标、过程性目标有层级差异.

数学学科课程目标明确指出,核心素养内涵包括三个方面:

(1) 会用数学的眼光观察现实世界;

(2) 会用数学的思维思考现实世界;

(3) 会用数学的语言表达现实世界.

那么具体到学习过程中,数学眼光、数学思维、数学语言主要表现在哪些方面?如何培养学生的数学眼光,怎样让学生获得数学思维,何以发展学生的数学语言?这都是课标分析的重要内容,需要在课题教学中进一步具体细化.

课程目标与学习目标两者的层级不同:课程目标是上位目标,教学目标是下位目标.确定学习目标的依据是课程目标,课标分析的意义在于为确定学习目标提供依据与规范.

以最新颁布的义务教育阶段数学课程标准为例,研读过程中,不仅需要把握总体目标,还要根据以"六三"学制划分的学段目标(第一学段:1~2年级;第二学段:3~4年级;第三学段:5~6年级;第四学段:7~9年级)(也有"五四"学制划分的学段目标,本书不做赘述)剖析目标的阶段性特点,在各个分段目标中,将学习目标进一步细化成可测可评的叙写与描述.

为了做好课标分解,我们首先需要确立课标与学习目标的对应关系,然后通过对课标关键词进行语义转换,将课程目标转换为可行的学习目标.

一、确立课程标准与学习目标的对应关系

如果说课程标准的功能是提供概括性的愿景与课程设计的依据,那么学习目标的功能则是为更具体细化的计划做准备. 课程标准与学习目标,有三种对应关系:一对一,一对多,多对一. 一对一关系是指一条课程标准对应一个学习目标;一对多关系,则指一条课程标准可拆解成多个学习目标;多对一关系,则表明多个课程标准指向一个学习目标(表 3.6).

表 3.6 课程标准(Curriculum Standards)与学习目标(Learning Objects)的对应关系

对应关系	一对一	一对多	多对一
关系图谱	CS ⟶ LO	CS ⟶ LO_1, LO_2, LO_3	CS_1, CS_2, CS_3 ⟶ LO

二、课程标准分解的策略

根据课标与目标的对应关系,课程标准分解的基本策略或切入点是将课程目标进行语义转换,着眼于将心理动词与行为动词进行连接并将其转化,以便更好地设计可评测的学习目标,形成不同的课标分析策略.

(一)替代策略

当课程标准与学习目标一一对应时,通过关键词替代,将课程标准转化为更为具体、可观测的学习目标.

比如,"知道用定量的方法描述随机事件发生的可能性大小"可以用"古典概率"替代"定量的方法".

（二）拆解策略

当课程标准与学习目标一对多时，通过关键词拆解，形成几个具有相互联系、相互补充的平行学习目标.

如"能够用适当的表达方式建立函数模型"，可以用"解析法、表格法以及图像法"替代"适当的方法".

（三）组合策略

当课程标准与学习目标多对一时，通过关键词合并，形成一个言简意赅的学习目标.

比如，"利用定义与图像判断 $y=2^x$ 与 $y=\left(\dfrac{1}{2}\right)^x$ 的单调性"，可以用"数形结合判断指数函数的单调性"进行替换.

此外，无论何种课标分解策略，其学习目标中的核心素养部分，要根据学业水平要求，进行分级设置[①]. 如对于"数学抽象"素养三级水平，分别表现为"能够在熟悉的情境中直接抽象出数学概念和规则""能够在关联的情境中抽象出一般的数学概念和规则"以及"能够在综合的情境中抽象出数学问题，并用恰当的语言予以表达". 这种分级设置是根据不同学情确立分层学习目标的指导性依据.

三、课程标准分解的基本步骤

课标分解是至关重要的一环，需要根据目标分类学对目标进行细化，这涉及执教者对课程标准的理解、提取、转化、组合以及替换. 课标分解的基本步骤是阅读、提取、分解. 通过阅读，建立课标基本认知；通过提取，将教学内容与课标建立对应关系；通过分解，将课标转化为可观测、可操作、可评价的学习目标（表3.7）.

下面以"理解函数的单调性"为例阐述课标分解的基本步骤.

由于"理解"语义丰富，"单调性"是概念性知识，可以确定，课程标准与学习

---

① 中华人民共和国教育部. 普通高中数学课程标准[M]. 北京：人民教育出版社，2020.

目标属于"一对多"的关系.

表 3.7 课标分析的基本步骤与内容

步骤	内容
阅读	确立课标与学习目标的对应关系
提取	摘取、剖析课标文本中的关键词
分解	将课标的关键词进行语义转换

首先,寻找关键词.课标中的关键词主要表现为动词与这些动词指向的名词性概念,也可能是课标文本中的主语或主语的修饰成分."理解函数的单调性"中的关键词是心理动词"理解"与名词性概念"单调性".

其次,剖析关键词."理解"是一个心理动词,抽象且不易观测.因此,我们需要剖析"理解"的意义何在?"理解"的主体是谁?"理解"的对象是什么?"理解"的对象能否进一步分解?达到什么程度可以确定为"理解"?

再次,替换关键词.替换的过程,即是回答关键词剖析过程中提出的问题的过程,这一过程中我们要用更为具体并且可观测的行为动词替换心理动词,用更具特征的名词代替概念性名词.

因此,"理解函数的单调性"可以替换如下:

(1) 学生可以借助图像直观判断函数的单调性.

(2) 学生能够用自然语言描述在给定范围内,函数值的变化特征.

即找到有效的等价语言描述:

对于增函数,自变量越大,函数值也越大,自变量越小,函数值也越小;对于减函数,自变量越大,函数值越小,自变量越小,函数值反而越大.

(3) 学生对函数单调性描述的自然语言能转换成符号语言,即

对于给定区间 (a,b) 上的单调递增函数 $y=f(x)$,对于任意的 x_1 和 x_2,若 $x_1<x_2$,则 $f(x_1)<f(x_2)$;

对于给定区间 (a,b) 上的单调递减函数 $y=f(x)$,

若 $x_1<x_2$,则 $f(x_1)>f(x_2)$.

第五节 学情分析

一、学习需求分析

学情分析,属于课堂教学的前端分析,包括学习者分析与学习环境分析.其中学习者分析是学情分析的主要部分,要明确课堂是"为了谁",分析"学生在哪里""学生有何需要".学生是课程的重要资源,教学设计要善用这个资源,从学生的实际出发,在分析学生学习一般规律的基础上,了解学生的需求、行为习惯、数学知识结构与认知结构差异、兴趣偏好等,对学生学习的外部环境及其内部学习发生过程加以统筹分析,以便有针对性地对学生进行因材施教.学生是独立的、发展的人,是"教学的中心",也即在教学设计中,学生处于主体地位.分析主体需要,是备课的重要一环(表 3.8).

表 3.8 学习主体的需求分析

当前状态	表现	需求
预备条件	学习兴趣与愿望	是否准备好了新学习
知识结构	同化与顺应的基础	是否有足够知识储备
元认知[①]	自我觉察与评价意识	是否能合理自我调控

根据伯顿的归纳,学生大体上存在五种学习的需要[②]:标准的需要(向标准要求靠拢)、感受的需要(愿望)、表达的需要(实际表达的需求)、比较的需要(自身比较与横向比较)、未来的需要.每一种需要的核心在于"实际是什么"与"期望是什么"的差距.只要有差距,就表明有学习问题需要解决,有学习需求需要

---

① 元认知是指对认知的认知——斯坦福大学心理学家弗拉维尔(Flavell,1976)在《认知发展》中首次提出.
② J. K. Burton & P. F. Merrill. Needs Assessment: Goals, Needs and Priorities//L. J. Briggs et. (eds). Instructional Design: Principles and Applications, Educational Technology Publication,1991:9-20.

满足.差距分析,也即需求分析.建立起正确的学生观,在备课过程中,才能更好地关注到学生的需要.

二、学习特征分析

在学情分析过程中,需要澄清零学习、低效学习与高效学习三种学习特征(表3.9),使我们在课堂上更好地识别学情,诊断学习者差异化特征与其背后的可能成因,为教学设计提供依据.

零学习,学习者在学习结束后,难以回忆关键性概念或事实,不能列举主要学习内容,无法按照要求完成练习或检测.

低效学习,学习者在学习结束后,能够回忆关键性概念或事实,也能陈述主要学习内容,但无法利用所学知识完成练习或检测.

高效学习,学习者在学习结束后,能够回忆关键性概念或事实,不仅能够陈述主要学习内容,还能够整合所学的知识,形成稳定的认知结构,并能利用所学知识解决问题,将获得的知识迁移到新的学习情境中.

表 3.9 基于学习结果的三种学习特征

三种学习类型	学习特征
零学习	难以回忆关键知识,无法按照要求完成学习任务
低效学习	能回忆关键知识,无法利用所学知识完成学习任务
高效学习	不仅能回忆关键知识,还能利用所学知识解决新问题

三、学习者品质分析

(一)学习者先天品质

学习者由遗传决定,并且不会因为学习而改变的品质,属于学习者的先天品质.如学习者的即时记忆容量是有先天限制的,其广度为 7 ± 2,当超过记忆阈值上限,无法产生学习材料的保持.

案例4:三角函数的诱导公式,有正弦、余弦、正切三个类别,包含终边相同角、负角、$\pi\pm\alpha$ 等多种形式,诱导公式的教学设计,要善于运用记忆容量限制以内的概念、公式或图像多种学习形式.其中三角函数的定义是诱导公式推导的逻辑基础,公式"奇变偶不变,符号看象限"的特征规律与图像则有助于公式的识别与选择,应避免单一的公式堆砌和有悖于学习者天生品质的教学设计.

此外,要关注学习者的性格特征.一个性格外向乐观且语言表达能力强的学生比性格内敛、沉默寡言的学生,可能更能够在课堂上获得对话与分享的机会.充分了解到这一点,对帮助那些信心不足、缺少课堂对话与分享的学生建立积极参与体验,帮助个体在自我导向的学习和社会性学习之间达成平衡,尤其有价值.因为,学习的发生建立在包括与教师、同伴、其他成人(如父母)、学习环境的互动基础上.

(二)学习者习得品质

习得品质与先天品质不同,属于通过学习而改变的品质.习得品质包括学习态度、行为习惯、知识储备、计算能力及作图能力等诸多方面,具有主观性、差异性以及发展性.

如精益求精的学习态度,对计算过程的准确性与计算方法的优化具有巨大的帮助;马虎潦草的学习习惯,难以绘出准确有效的函数图像.如果缺乏弧度制概念,那么就不能形成弧度制与角度制的对应关系,意识不到 $\alpha=30$ 与 $\beta=30°$ 的区别,更不会比较两者的大小.

能够反映学习者习得品质的一个重要因素,是学生的数学认知结构水平.所谓数学认知结构,是指学习者在数学学习过程中,通过感知、记忆、理解、应用、探索与实践,逐步积累起来的主观经验系统,它反映了学习者对数学的理解与内在编码.

数学认知结构因个体主观感受不同而异,也即存在差异性.

例如,对于 $x^2+y^2=z^2$,有人理解为三元二次方程,也有人可能联想到勾股定理,还有人可能看到的是无意义的字符串.这种差异性是造成学生学习效率、学习效果以及学习质量不同的原因之一.

数学认知结构又会因为经验的积累产生变化,具有发展性.

例如,对于"角"这个概念,有的学生的认知结构停留在"$[0°,360°]$内的静态的角",有的学生的认知结构里则是"任意大小的动态的角".在学习的内、外部条件相互作用的条件下,不良的认知结构可以不断得到完善与优化.比如,教师通过与学生一起讨论骑单车的过程,车轮转过的度数,或者扳手拧螺丝旋转的方向与角度,学习者对角的主观经验系统就能够逐步得到完善与发展,构建起因方向不同将产生不同大小、不同符号的"动态角"的概念.

因此,教学实践中,不能忽略学习过程中的认知结构差异.分析学习者的认知结构,旨在通过适当的学习活动将其调整到学习新知的最佳状态.

（三）影响学习品质的因素

影响学习者品质的因素,包括动机与情感因素、发展性与社会性因素以及与具体知识相对应的生产式因素.

动机是推动学习者投入学习的内在力量,如好奇心与成就需要.对数学学习的积极体验,有助于学习者对数学学习保持热爱.

如第一章第一节所述的皮亚杰认知发展理论中的观点指出,人的认知发展在不同阶段呈现出不同特点.例如,一个处于前运算阶段的2岁的儿童,对于盛装在一个又矮又胖圆柱体容器与另一个盛装在又高又瘦圆柱体容器的容量相同液体,无法形成"守恒"的概念,但对于一个7岁的儿童,他或她开始懂得液体的多少不以容器的高矮胖瘦为转移,这是由他们的认知发展阶段所决定的.

而维果茨基的"最近发展区"理论,提出儿童的潜在能力范围直接受到社会成员的影响,比如,由于父母与教师的帮助与鼓励,获得成长支持.这是影响学习品质的社会性因素.

此外,遗传特征、学习方式的偏好、已获得的社会策略、价值观念等是影响学习品质的个性化因素.

学情的差异化是学习起点与学习目标的重要依据.如表3.10中的学情不同,则学习目标不同.

表 3.10　不同学情下的不同目标

班级 1	班级 2
前测:95%的学生能辨别指数函数模型 $y=a^x$ ($a>0, a\neq 1$),能分别根据底部的不同取值范围,正确描述并解释指数函数的单调性	前测:55%的学生能辨别指数函数模型 $y=a^x$ ($a>0, a\neq 1$),有25%的学生将幂函数 $y=x^a$ ($a\in \mathbf{R}$)与指数函数混淆,还有20%的学生认为 $y=2a^x$ ($a>0, a\neq 1$)是底为 $2a$ 的指数函数
目标:在真实情境中构建指数函数模型,并在给定条件下通过建立函数模型解决指数函数相关的实际问题	目标:以细胞分裂情境建构指数函数的概念,实现知识的"再构造",辨析指数函数模型的结构化表达

总之,学习需求、学习特征、学习品质是学情分析的重要组成部分.学情是备课的依据,学情分析为学习目标的制订服务.由于学情包含外显的如知识结构形态,又包含如学习需求的内隐形态,所以学情分析的方法要通过问卷、谈话与观察等多种调查手段实现,如可通过设置合理问卷,利用问卷星对知识储备与学习兴趣、动机等方面进行分析,不仅可以获得学情数据,客观公正用数据说话,还可为化经验驱动为数据驱动提供可能(更多具体案例可参见第六章).

第六节 内容分析

学习内容分析,包括教材分析与学习资源分析,其中教材是学习内容分析的主要部分.

教材,是系统反映学科内容的教学用书,是教学内容的重要载体.备课过程中,通过教材分析,根据学情,做学习内容的选择、取舍、整合、优化甚至是重构,做到用教材,而不是教教材.解读教材,不仅要了解教材的内容选择、组织与呈现方式,还要了解教材创作的深层逻辑.

一般情况下,我们做教学设计过程中的学习内容的分析,是以一个课时为单位进行分析.但是,一节课的内容分析,必须建立在整本教材甚至是全学段的基础之上,不应局限在某个课题或某个章节,而是要以全局的眼光做教材统领性分析.因此,可以从教材的结构主线、章节逻辑、课题内容、知识类型以及不同教材比对五个方面进行内容分析.

一、整体结构分析

数学教材的编写,是基于数学学科的本质特点与课程目标进行体例设置、内容组织、顺序安排、资源配置,是数学学习内容的结构化与系统化呈现,是学科专家智慧的结晶.学习内容的分析,站在教材整体结构上看,可以分析专家或编者的意图,站在统领的高度理解教材的编排.这好比是借助无人机的宏观视角,在高处摄入全景,不仅可以看到连绵山峰,还可以看到河流的走向,交错的公路甚至郊野小径,地形地貌尽收眼底.分析教材的整体结构,也就是要对学习内容"尽收眼底",在备课时构建一幅"全景图",形成全局观与系统观.

以7~9年级为例,数学的"全景图"如下(图3.5),整个学习内容以结构化的形式呈现,既是一张关系图,也是一张结构图,还是一张模型图,是揭示初中数学"关系、本质、规律"的一体化梳理.数学研究对象的"隐形关系",通过"外显结构",构建"基本模型",体现数与代数的一致性、图形与几何的一致性以及概率与统计的一致性,避免眼中只有碎片化知识,只见树木,不见森林.建立起宏观视角的系统观,是大单元教学主题确立的基础.

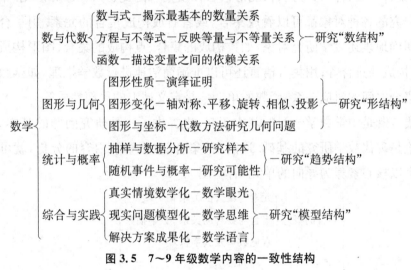

图3.5 7~9年级数学内容的一致性结构

二、章节逻辑分析

数学教材编写的每一个章节,是对学科知识的逻辑化呈现.数学内容以章为模块,但章内小节具有连续性与一致性特点,每一个章节都不是孤立存在的,而是承前启后,螺旋式渐进.因此,在做章节分析时,我们要分析前一章的作用,后一章的地位,前后章节的联系,理清楚其中的逻辑结构,建立起介于宏观与微观之间的中观视角,才能做出教学设计的合理框架,并在章节框架下分析学习内容与核心素养的关联性.

例如,"集合"是进入高中阶段数学学习的第一章,好多学生不理解为什么踏进高中门槛后学习"集合",这是源于好多老师没有站在学科知识分布与结构的视角,对教材章节做学科逻辑性分析并将这一分析分享给学生(或许老师自己也没想过为什么高一数学第一章学习内容安排的是集合,反正教材就是这么编的,教教材不会错).

集合是19世纪末德国数学家康托尔(G. Cantor)提出的一个描述性概念,它反映了数学研究内容中关系建立起来的秩序与结构建立起来的模式.其中元素与集合的关系,集合与集合的关系,属于秩序研究;集合的表示方法与集合运算,属于模式研究.

集合是刻画一类事物的语言和工具,它具有独成一体的语言特性与运算规则,如集合有独特的符号语言、图形语言以及集合的交、并、补运算法则.中学数学所研究的各种对象都可以看成集合,或者看成构成集合的元素.用集合语言可以明确地表述数学研究对象,如数构成的集合、点构成的集合、图形构成的集合、解构成的集合等;用集合语言还可以准确简洁地进行数学推理,如函数是建立在集合之间的对应关系,函数的单调性是定义域上的局部性质等.

集合既是中学数学学习的基本工具,也提供了一种研究问题的基本方法,集合论是现代数学研究的基础.通过对"集合"整个章节内容的分析,就可以形成一个以核心素养为导向的单元结构(图3.6).

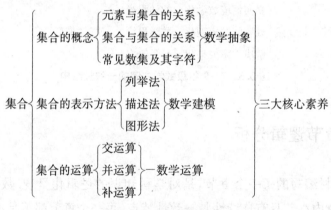

图 3.6 集合单元结构

三、知识点分析

在对教材有了整体把握,梳理了章节的关联性与逻辑性之后,进入一个微观视角,对课时学习的知识点进行分析.课题分析的关键点是分析课题涵盖的核心知识,包括核心概念、公式、法则、图形、图像、练习类型等,通过辨析核心知识设置学习重点与学习任务的评估点.如果"不分主次,眉毛胡子一把抓,平均发力",将导致主题知识离散化、碎片化,缺乏知识间的有效衔接,似一盘散沙.把核心知识点定位后,就能给教学设计找到课堂教学的连接点,串成一条学习主线,教学活动围绕这条主线展开.深刻分析主题内容,不仅要看到显性知识,还要看到知识所蕴含的核心素养以及隐形的知识育人价值.

例如,关于二元一次方程组的学习,应当关注现实问题中量的关系,分析如何借助字母表达未知数,建立起量与量之间的关系.

其中"鸡兔同笼"是引入二元一次方程组的经典素材:今有鸡兔同笼,上有三十五头,下有九十四足,问鸡兔各有几何?

分析:鸡有一头两足,兔有一头四足,故有

$$\begin{cases} 1 \times 鸡的数量 + 1 \times 兔的数量 = 35 \\ 2 \times 鸡的数量 + 4 \times 兔的数量 = 94 \end{cases} \tag{1}$$

设鸡 x 只,兔 y 只,则

$$\begin{cases} 1 \cdot x + 1 \cdot y = 35 \\ 2 \cdot x + 4 \cdot y = 94 \end{cases} \tag{2}$$

进一步,可以抽象出

$$\begin{cases} a_1 x + b_1 y = c_1 \\ a_2 x + b_2 y = c_2 \end{cases} \tag{3}$$

从方程组(1)到方程组(2)的过程,是从0到1的过程,而从方程组(2)到方程组(3)的过程,则是从1到 n 的过程,实现了从特殊到一般,从一个到一类模型的确立与建构,不仅体现了知识在课堂教学中生长,还体现了数学抽象、逻辑推理以及数学建模的核心素养在生长,而且为将来学习 n 元线性方程组(见方程组(4))铺垫了一个很好的基础,是一个从量变到质变的飞跃,与新课标强调形成"学生适合未来个体终身发展所需要的关键能力"一致.

$$\begin{cases} a_{11}x_1 + a_{12}x_2 + a_{13}x_3 + \cdots + a_{1n}x_n = c_1 \\ a_{21}x_1 + a_{22}x_2 + a_{23}x_3 + \cdots + a_{2n}x_n = c_2 \\ \cdots\cdots \\ a_{n1}x_1 + a_{n2}x_2 + a_{n3}x_3 + \cdots + a_{nn}x_n = c_n \end{cases} \tag{4}$$

可见,课题分析站在微观视角,却能以小见大,具有前瞻性与预见性,也是核心素养整体性、一致性与阶段性的体现.

再如,关于"弧度制"的分析,应该从"什么是弧度制的本质?""为何引入弧度制?""弧度制与角度值的区别与联系"三个方面入手.

第一个问题,弧度制的本质是用弧长度量角的大小,这样的度量方式将角的六十进制转变为了十进制,与实数体系中的运算实现计数单位的统一,便于在十进制系统中进行四则运算、复合运算以及逆运算等.例如,在角度制下,无法比较 $30°$ 与 $\sin 30°$ 大小,无法将它们做四则运算,也无法计算极限 $\lim\limits_{x\to 0}\dfrac{\sin x}{x}$ 等.但在弧度制下这些问题都迎刃而解.

第二个问题需要建立在函数的对应关系上进行分析,函数是基于十进制的两个实数集之间的对应关系,由于角度制表示的角是六十进制,不符合函数对应关系的要求,因此以角度制表示的角难以建立函数关系,需要将角的度量制度与十进制统一起来,从而建立起三角函数体系.

第三个问题,是角度制与弧度制的换算关系,确保在不同的情境下能选择不同的单位.

实际教学中,很多老师缺乏对上述前面两个问题的分析,往往是直接引入弧度制以及第三个关系问题,忽略分析弧度制的必要性,导致学生对弧度制的学习难以理解,被动接受.

四、知识类型分析

教材分析过程中,一方面要根据课时所承担的课程目标,分析学习者需要学习哪些核心知识.另一方面,需要对这些核心知识进行分类,也即要明确所学内容中,哪些是事实性知识,哪些是概念性知识,哪些是程序性知识,哪些是元认知知识,根据不同类型的知识设立不同的学习目标.

(1) 事实性知识:某个主题或某个章节内容中的基本要素,指向形象思维,信息传递"是何".如两点确定一条直线或两点之间线段最短,属于事实性知识.

(2) 概念性知识:反映相互作用的基本要素之间的关系,指向抽象思维,信息传递"为何".如勾股定理,描述了两直角边的平方和等于斜边的平方;又如函数的单调性,反映了函数值随着自变量增大而增大或减小.勾股定理与函数单调性都属于概念性知识.

(3) 程序性知识:做事的方法与准则,指向逻辑思维,信息传递"如何".如解一元二次方程的方法、用"五点法"作出正弦型函数图像、集合的运算等,都属于程序性知识.

(4) 元认知知识:关于策略性知识与自我认知或调节的知识,指向创新思维与批判思维,信息传递"若何(如果……那么……)". 如判断直线与圆的位置关系的代数方法与几何方法,属于策略性知识类别的元认知知识. 而学习者知道自己在使用代数方法涉及求解二元二次方程组时,容易出现错误,了解自己更善于用几何法判断线圆关系,从而作出方法取舍与选择,属于自我调节类别的元认知知识.

其中,事实性知识与概念性知识表示"是什么"或"为什么",程序性知识表示"怎么办". 程序性知识是对于具体学科或专业而言,元认知知识中的策略性知识可以跨学科或专业,更为一般化和概括化.

如若单纯地解一元二次方程,那属于程序性知识,但如果结合工程造价问题,建立函数模型,用一元二次方程求最优解,那就属于元认知知识.

五、不同版本比对

不同版本的教材,属于多样性教学资源的一部分. 版本不同,可能在内容编排的结构与章节布局上也存在一定差异. 通过教材比对,可以拓宽视野,更好地了解学习内容编排的多样性与选择性,因此可以从课题内容的概念引入、情境创设、例题习题的编排方式等方面作比较,为教学设计内容的取舍与整合提供思路.

此外,教材分析不仅限于同一学段的教材,在必要的情况下还需要根据知识发展脉络,对不同学段的教材进行分析. 如对"函数"这一主题进行分析时,要将初中阶段的函数概念与高中阶段的函数概念作对比,初中阶段的函数概念是基于"变量的依赖关系",而高中阶段的函数概念则基于"集合的对应关系",因此,我们在做教学设计时,要思考如何体现概念的发展与进阶. 带着这样的意识分析教材,就能将知识贯通,有利于不同学段的目标衔接.

六、教材分析三境界

备课有三重境界,教材分析也有三重境界. 教材分析具有层次性:依赖教材、跳出教材、融入教材. 教材分析的三重境界分别是:看山是山、看山不是山、看山还是山.看懂教材,分析教学材料的言语组织与文字信息,看到的仅仅是数学知识,此乃"看山是山",属于"俗手";看清教材,分析教材的主线与结构,看到学科的关系与规律,此乃"看山不是山",属于"本手";看透教材,分析数学知识蕴含的思想与方法,指向学科本质,还看到育人价值,此乃"看山还是山",属于"妙手"(表3.11).第六章案例2以高等教育出版社出版的《数学》第六章"直线与圆"中"6.3.1 两条直线平行"为例,看教材分析的三重境界①.

表 3.11 教材分析三重境界

看懂教材	看到言语与信息	看到数学知识	看山是山	俗手
看清教材	看到关系与规律	看到数学本质	看山不是山	本手
看透教材	看到思想与方法	看到育人价值	看山还是山	妙手

关于学习内容分析有诸多案例,下面是笔者关于"分母不能为零②"的教学实录片段与相关调查分析,希望以此案例,来看一看教学中存在的"教教材"的现象,思考现象所折射出的备课观与学习观.

案例5:引言:"分式中分母不能为零"被视为一条基本数学法则,"教师反复强调""课本教材规定""记住法则",这几乎是所有数学课堂的普遍现象.如果继续追问,"为什么分母不能为零?""因为分母为零,分式便无意义."事实上,问题并非就此终结.虽然一般情况下,职高学生不再追问.可如果有学生提出:"为什么分母为零,分式便无意义?"我们该如何回答?"分式无意义"是"分母不能为零"的理由,还是对"分母不能为零"的判断? 记住"分母不能为零"就不会出错了吗?

教学实录:在电子商务班的数学课上,根据三角函数的定义,求特殊角的三角函数值时,学生上黑板分享,推算出90°的正弦值为零,正切值也为零.大致过程如下:取90°角的终边与单位圆的交点$P(0,1)$,$r=1$,则

$$\sin 90° = \frac{y}{r} = \frac{0}{1} = 0, \quad \tan 90° = \frac{y}{x} = \frac{1}{0} = 0 \tag{5}$$

对于上式的计算结果,几乎没有学生提出异议,在学生看来下面的这两个比值都是0.

---

① 毕渔民.新时代背景下以培养学生核心素养为目标的数学教材特色视阈[R].深圳市中职学校青年教师教学能力提升专项培训(第十讲),2022-09-03.
② 杨宏英.如果分母为零.教学反思,2015-12-29.

$$\frac{0}{1}=0, \quad \frac{1}{0}=0$$

我校职高学生使用的《数学》(高等教育出版社出版)第三章"函数的概念"中明确指出,定义域是使函数有意义的自变量的取值范围,其中包括函数解析式为分式时,分母不能为零的情形.

也就是说,如果呈现给学生的问题是:求函数 $y=\dfrac{1}{x-1}$ 的定义域,学生能根据分母不能为零,得出 $x-1\neq 0$,所求定义域是:$(-\infty,1)\cup(1,+\infty)$.

那么问题来了,第三章求函数定义域已知晓的法则,为什么在第五章三角函数的学习中被忽略,出现式(5)的错误计算?

笔者带着这个思考,做了"分母不能为零"的相关调查.

1. 关于"分母不能为零"的调查

课堂上 90°角的正切值的计算错误,说明"分式中分母不能为零"的基本法则在学生的学习意识中并不清晰. 一方面,明确知道"分母不能为零",另一方面,当分母为零时,等同于分子为零计算. 为探究遭遇"分母为零"的尴尬成因,笔者设计了一份课前随访小调查(记调查问卷1),旨在了解中学生对"分母不能为零"的认知依据.

在查阅相关资料的过程中,考虑到要就本问题有更深入的了解,追加了一份微信小众问卷(记调查问卷2),问卷对象是大学本科生与硕士研究生.

2. 调查问卷与调查对象

(1) 调查问卷

调查问卷1以课前随访的方式进行,由4道选择题组成,有良好的客观性,无记名的答卷模式更能反映受访对象答题的真实性.

调查问卷2以微信交流方式进行,由3道选择题组成,样本容量少,但有良好的客观性和可操作性.

(2) 调查对象及样本容量

调查对象1是来自于我校的77名学生和校外的236名学生,既有义务教育阶段的学生,也有职业高中教育阶段的学生,还有普通高中的学生,详情如表3.12所示.

调查对象2是来自于华南农业大学11个在读硕士生和9个在读本科生,详情如表3.13所示.

表 3.12

调查对象	样本容量
市内专门学校初中部	29
市内第一职校高一	30
市内第二职校高三	30
市内第三职校高三	50
校内职高二年级	48
市内某普通高中二年级	46
市内某重点初中一年级	35
市外职高二年级	45
合计	313

说明:表 3.12 调查对象除了当年本人执教的职高二年级学生(含电子商务专业和酒店管理专业),其他学生来自专门学校(原称"工读学校")初中部、市内其他学校及市外一所中职学校同行的友情支持.

表 3.13

调查对象	样本容量
硕士生	11
本科生	9

说明:表 3.13 调查对象是一名华南农业大学资源环境学院在读硕士生的朋友圈内的大学同学或校友.

3. 调查问卷 1 的数据统计与分析

(1) 问题 1:分母是否能为零,统计条形图如下.

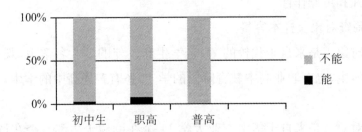

大概 3% 的初中生和 9% 的职高生选择"分母可以为零",普高生一致认为"分母不能为零".

(2) 问题 2:"分母不能为零的认知依据",统计条形图如下.

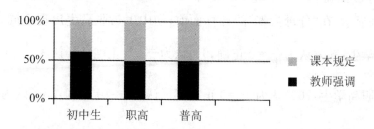

关于"分母不能为零"的认知,六成的初中生是基于课堂上"数学老师的反复强调",四成的初中生则是遵照"课本规定";而职高生就本问题的认知数据显示,45% 来自"教师强调",55% 来自"课本规定";普高生的两种认知依据,则各占一半.可见,"教师强调"与"课本规定"具有相当的权威性.

(3) 问题 3:对"分母不能为零"的理解,统计条形图如下.

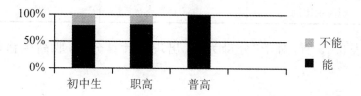

只有 20% 的初中生与 18% 的职高生表示不能理解为何"分母不能为零",普高生的数据反馈,100% 的理解.

(4) 问题 4:"分母为零"的计算分化,统计条形图如下.

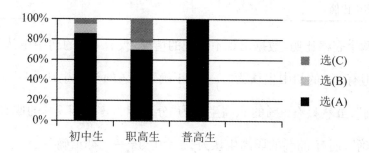

对于调查问卷中的问题 4:下面等式正确的是( ).

(1) $\dfrac{0}{1}=0$ (2) $\dfrac{1}{0}=0$

A．(1)正确   B．(2)正确   C．(1)与(2)都正确

数据显示,在"分母为零"的计算面前,初中生与职高生出现不同程度的分化.初中学生:86%认为 $\dfrac{0}{1}=0$ 正确,9%认为 $\dfrac{1}{0}=0$ 正确,5%认为 $\dfrac{0}{1}=0$ 与 $\dfrac{1}{0}=0$ 都正确.职高学生:70%认为 $\dfrac{0}{1}=0$ 正确,7%认为 $\dfrac{1}{0}=0$ 正确,23%认为 $\dfrac{0}{1}=0$ 与 $\dfrac{1}{0}=0$ 都正确.普高学生:100%认为 $\dfrac{0}{1}=0$ 正确.

4. 调查问卷 1 数据对比,凸显认知矛盾

仅从表 3.14 看,对于"分母能否为零"的判断,初中生好于职高生.

表 3.14

选项	分母不能为零	分母能为零
初中生比例	97%	3%
职高生比例	91%	9%

仅从表 3.15 看,对于"分母为零"出现的计算分化,职高生错误高于初中生.

表 3.15

选项	$\dfrac{0}{1}=0$ 正确	$\dfrac{1}{0}=0$ 正确	$\dfrac{0}{1}=0$ 与 $\dfrac{1}{0}=0$ 都正确
初中生比例	86%	9%	5%
职高生比例	70%	7%	23%

结合两个表格比照,数据出现不匹配的情况:仅有 3% 的初中生认为"分母能为零",但有 9% 的初中生认为" $\dfrac{1}{0}=0$ 正确",5% 的初中生认为" $\dfrac{0}{1}=0$ 与 $\dfrac{1}{0}=0$ 都正确";虽然只有 9% 的职高生认为"分母能为零",但 7% 的职高生认为" $\dfrac{1}{0}=0$ 正确",还有 23% 的职高生认为" $\dfrac{0}{1}=0$ 与 $\dfrac{1}{0}=0$ 都正确".

调查问卷 1 的结论:中学生尤其是中职生,对于分母能否为零,认知不清

晰,数据不匹配,判断不一致.

5. 调查问卷 2 的数据统计与分析

(1) 问题 1:"分母不能为零的认知依据",统计条形图如下.

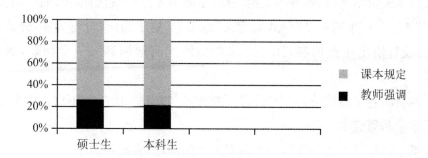

数据表明,分别有 73% 的硕士生与 78% 的本科生从课本上获得"分母不能为零"的依据,其他源于教师的反复强调.

(2) 问题 2:对"分母不能为零"的理解,统计条形图如下.

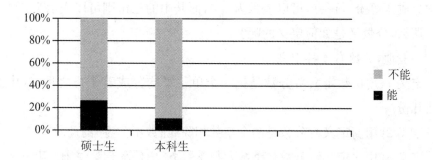

对于硕士生,仍有 73% 的人不能理解为什么"分母不能为零",而本科生不能理解该问题的比例更是高达 89%.

(3) 问题 3:阐述"分母不能为零"的理由选择,统计条形图如下.

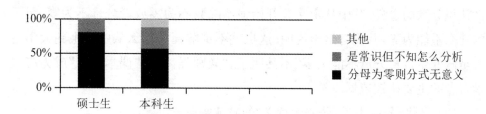

要给"分母不能为零"一个具有说服力的理由,分别有 18% 的硕士生与 33% 的本科生认为这是一个常识,但又不知怎样阐述分析.

值得注意的是,82% 的硕士生与 56% 的本科生选择"若分母为零则分式无意义",从逻辑学上讲,这并不是给"分母不能为零"一个起始依据,而是给"分母为零"展示其产生的一个"分式无意义"的结果.对于为何"分母为零,分式无意义"并没有给出正面回答,用一个未能破解的问题回答另一个问题,属无效解答.

调查问卷 2 的结论:一个"分母不能为零"的问题,困扰的不仅是中学生,还有大学生和研究生.

综上:"分母不能为零",一个看似简单的问题,实则不简单.

6. 分母能否为零,要从分数的形成说起

(1) 分数的形成与分数的定义.

在数系的发展过程中,分数的形成源于物品的分配、分割或测量.小学阶段(三年级),学生对分数的认识也大多是建立在食物的分享上,比如将一块蛋糕平均分成 4 等份,每一份可以表示为 1/4,而其中的三份则可以表示为 3/4.

那么,分数又是如何定义的呢?

一般地,分数有 4 种定义.

定义 1(用份数定义):分数是把一个单位平均分成若干份之后,其中的一份或几份.

定义 2(用商定义):分数是两个整数相除(除数不为零)的商.

定义 3(用比定义):分数是整数 q 与整数 p(p 不等于零)之比,其中 p 为分母,q 为分子.

定义 4(公理化定义):分数是有序数对 (p,q)(p 不等于零).

不难看出,分数的定义逐渐升级,经历了一个从食物分享体验建立起的低起点认知阶段,通过感性认识定义分数,到将数的形式不断抽象扩展,上升到理性认识分数的过程.其中从定义 2 开始强调除数不为零或者分母不为零,至于为什么不能为零,并没有给出说明.这也就不难解释为什么从中学生到大学生乃至研究生,对"分母不能为零"不甚明了,"教师强调"或"课本规定"成为广大学习者的主要认知依据.

(2) 寻找"分母为零,分式无意义"的破解密码.

事实上,要破解为什么"分母为零,分式无意义"?只需要回到分数的最原始定义.定义 1 明确指出,分数是把 1 个单位分成若干份之后的一份或几份.把 1 分成若干份的数 p 叫分母,表示取了若干份的数 q 叫分子,记作 $\frac{q}{p}$.在这里,如果分母 $p=0$,则意味着没有对 1 进行等份,分数就不存在,分数不存在,谈分式就毫无意义.

如果上述解释还是感觉抽象,不妨用实物分配帮助理解:为了奖励学生在数学课堂上的精彩表现,数学老师承诺送给他们两个蛋糕作为新年礼物,一个分给 A 班 4 个小组,另一个分给 B 班 4 个小组.12 月 31 日,A 班的四个小组各分到 1/4 的蛋糕.但由于 B 班在企业实习,蛋糕分不出去,分蛋糕这件事对于 B 班而言没有发生,分数不存在.

综上,不仅回答了为什么"分母为零,分式无意义",而且回答了一开始提出的计算,90°的正切值不是等于零,而是不存在.

至此,神化的"分母不能为零",终于揭开其看似简单实则复杂,看似复杂实则简单的神秘面纱.说其简单,是因为只要依据分数的定义就能揭示为什么分母不能为零;说其复杂,是因为下到中学生上至大学生、研究生,都难以用适当的语言回答为什么分式中分母不能为零.究其原因,在我们的学习过程中,往往忽略基本概念的形成过程分析.面对"分母不能为零"的语塞,有如遭遇"能辨认什么图形是圆,却不能表述圆的定义"一样尴尬.

7. 善用分母为零,是一种巧妙的解题策略

分母为零,并非如临大敌,若善用,不失为解决问题的妙策,下面仅通过例题展示一二.

(1) 利用分母为零,求直线的倾斜角.

例题:已知直线经过两点 $A(2,3),B(2,-1)$,求该直线的倾斜角.

解:设直线的倾斜角为 α,则 $\tan\alpha=\frac{3-(-1)}{2-2}=\frac{4}{0}$ 且 $\alpha\in[0°,180°)$.

因为分母为零,故直线倾斜角的正切值不存在,得 $\alpha=90°$.

(2) 当分母趋近于零,洛必达法则求极限.

例题:求 $\lim\limits_{x\to 0}\frac{\sin x}{x}$.

解:$\lim\limits_{x\to 0}\frac{\sin x}{x}\triangleq\lim\limits_{x\to 0}\frac{\cos x}{1}=1$.

(3) 当分母为零,黎曼平面无穷远.

阅读网站 http://en.wikipedia.org/wiki/Riemann_sphere 中的内容.

总结:抽象化与形式化是数学的本质特征.数学,不仅是一门课程,更是一种思维方式与理性精神.数学课堂不只是建立起概念的认知,更重要的是让学生学会欣赏数学的理性追求与数学之美.事实上,在数学课上获得一点应用的技能,一点数学的思维方式,一点数学的方法与一点数学的眼光分析问题,获取信息,解决问题,那么数学就是即使地球需要火星救援也依然魅力不减的学科.

就在本书撰写快结束的周末,笔者去理发时偶遇在一旁等候妈妈做头发的 7 岁小朋友小龙.小龙很聪明,语言干净利落,对人有礼貌.由于笔者也在排队等候,有些无聊,于是教他折"莫雷三角形"(将一个任意大小的三角形的三个角平均分成三等份,相邻等分线交点构成一个等边三角形),小朋友很配合,能很快领会.小龙妈妈说,小龙很喜欢数学.

经了解,小龙是一所小学二年级学生,刚学完除法运算.

下面是笔者和小龙的一段对话:

笔者:10 除以 5 商是多少?

小龙:$10 \div 5 = 2$.

笔者:10 与 5,哪个是除数?哪个是被除数?

小龙:10 是被除数,5 是除数.

笔者:除数能为零吗?

小龙:不能.

笔者:为什么除数不能为零?

小龙:因为九九乘法表里没有零.

笔者:怎么由九九乘法表得出除数不能为零呢?

小龙:因为老师说过,除法就是乘法倒过来运算,九九乘法表里没有零,说明做除法时,除数与被除数都不能为零.

笔者:是老师讲过除数与被除数不能为零吗?

小龙:不是,是我自己想的.

一个颇费周章的除数(分母)不能为零的问题,让一个二年级小学生用九九乘法表和朴素的语言轻松说出,道出了小朋友的智慧,更道出了数学思维的神奇!

第七节 目标叙写

在经历了课标分析、学情分析以及教材分析之后,便进入目标叙写环节. 对于一节 40 分钟的课,如何做到运筹帷幄,功夫在课堂之外. 执教者的知识储备、语言表达、板书作图等还只是基本功夫,核心功夫还得看教学设计. 而教学设计的一个重要环节就是学习目标的设置与叙写.

由于学习是个体在活动中由经验引起的行为或心理的相对持久变化的过程,这个变化可以是外显的,表现为行为上的变化,也可以是内隐的,表现为心理上的变化. 因此学习目标既有外显的一面,也有内隐的一面. 那么,如何在目标叙写的过程中,兼顾外显性与内隐性的同时,将难以直接观察的内隐目标通过外在表现,进行外显转化,做到让目标落地,并且让目标可观测呢?

一、目标叙写的前提条件

学习目标的确立是一件具有指向性与科学性的工作,只凭教师的主观愿望或教学经验,学习目标可能只是一个"摆设". 因此,在目标叙写之前,应该对课标进行充分解读,对教材的内容与编排做出科学的分析,同时还要"了解学生在哪里",也即要做学情分析.

课标解读的过程就是明确三个问题,即"学什么""学到什么程度""怎么学"的问题,明晰这三个问题,既是体现"学习者中心"理念,也是对传统备课"教什么""教到什么程度"及"怎么教"的一种思维转变与超越. 课标解读时,要找到明确的学习行为、学习预期,为学习目标的确立找到支撑点与理论依据(课标分析策略详见本章第四节).

教材分析,不应只停留在教材的文字信息表面,而应对照课标对教材编写的主线、编排体系以及教材的特色与风格,再结合学生的认知规律进行解读. 比如,小学阶段将"数的认识"与"数的运算"合并为"数与运算",要了解其意图是使得学生整体理解数与数的运算,在形成符号意识的同时,发展运算能力. 认识到这一点,教材分析就不会浮于表面,而是找到教学内容与课程标准的对应要求与编排方式.

学情分析的意义是基于学习者的认知水平与认知结构以及学习认知规律,为"要带学生去哪里"提供依据. 学情分析是教学的起点,也是教学诊断的前期准备. 一个量化表达的学情分析能更加清晰地做数据对比,对目标达成度的判断"有数可依". 如第六章案例三中"课前,只有 32.47% 的学生正确回答函数 $f(x)=-x^2$ 的几何特征,课后,60.83% 的学生能正确解答更复杂的函数 $f(x)=x^2-2x+3$ 的函数单调区间,学生的认知增量将近 50%",通过数据说话,可视化地反映了目标达成度.

简言之,目标叙写的前提条件是做好课标解读、教材分析与学情分析.

二、目标叙写存在的主要问题

在探讨如何将目标叙写的基本要素有机整合,规范地叙写目标之前,我们先来看看目标叙写中存在的问题,然后再根据问题导向叙写目标.

(一) 内容即目标

一些教师尤其是新上岗的教师,往往非常关心课堂上要讲什么,而无暇顾及通过教学可以使学生获得什么[①]. 事实上,这种情形在教学中并不鲜见,有一定的代表性. 由于教师们重点关注讲什么,通常就将教学内容视为学习目标,在教学设计的过程中,也会这么做,如将"勾股定理"或"平面向量的内积"或"诱导公式"当作学习目标,但教学内容是达成目标的载体,并非目标本身.

(二) 目标空泛模糊

如果目标叙写仅仅通过"了解""理解""掌握""感悟""体会"等动词表述学习行为,或者对学习内容缺乏具体指向性的笼统呈现,那么学习目标就变得空泛,不得要领.

如将函数单调性的学习目标设定为"通过数形结合理解函数的单调性",虽然提供了"数形结合"的学习方法,但这个方法还是过于宽泛,不能构成学习行为的具体动作:是以何种方式呈现"数"?以何种方式表现"形"?是用纸质为媒

---

① 李介. 论课堂教学目标的表述[J]. 龙东学院学报(社会科学版),2004(11):110-112.

介分析还是信息技术为手段分析？对于"理解"一词，如何评估？达到什么程度算理解？没有可测量的标准．如果改成"借助动态几何画板绘制二次函数 $y=x^2-2x-3$ 的图像对应的抛物线，描述对称轴两侧图像从左往右的变化趋势，通过观察图像轨迹移动过程中函数值与自变量之间的变化规律，解释函数值与自变量之间的变化关系，并用符号语言表达这种关系"，目标就变得清晰具体、可观测．

如果您读到这里，看到如下关于函数奇偶性的目标设定，相信您会有似曾相识的感觉并产生修改的想法．

"函数的奇偶性"学习目标：

（1）理解函数奇偶性的概念，理解具有奇偶性的函数的图像特征，会判断简单函数的奇偶性；

（2）提高学生图形观察能力、抽象能力以及从特殊到一般的归纳概括能力；

（3）体会数形结合思想方法，感受数学的对称美．

上述目标基本上是不可观测的泛泛而谈，难以落地．

（三）目标与任务无关联

目标与任务不一致主要表现为目标过多，冗余目标与学情不匹配，要么给学习者造成困难，要么以降低课堂教学质量与减少学习时间为代价，一味追求目标完成，又或者学习目标与学习任务没有关联性，缺乏一致性．如在学习直线方程时以"解析几何之父"笛卡尔的生平故事导入，期望利用数学家生平故事引入课程思政目标，与学习任务几乎没有关联性，将课程思政目标机械植入，实不可取．笛卡尔的故事与他的数学研究成就，可以放在解析几何这一章第一节的时候介绍，作为解析几何的"章首引言"，或作为一种数学发展历史为主题的课外拓展阅读素材，用笛卡尔直角坐标系贯穿解析几何全章的学习内容、思想与方法．

三、目标叙写的步骤与基本要素

美国著名教育家泰勒从学习的内容与行为两个方面来阐述教学目标的表述．布卢姆要求所表述出来的目标需具有两方面的特征：一是对学习的内容进行描述;二是对学生的行为或学生学习的产物进行阐述.在此基础上,美国学者马杰(Mager,1962)年出版的《准备教学目标》一书中,还要求附加两条特征:一是描述所期待的行为发生的重要条件;二是指明做出规定动作必须精确到什么程度.马杰模式也称为行为模式(Behavioral objectives model),主张用具体的、可操作的、可观测的行为形式来陈述学习目标,侧重于描述学习者学习行为的变化.结合我国新一轮课程标准核心素养要求与目标叙写的学习行为、学习条件与学习程度等基本要素,目标叙写的基本步骤如下.

(一)明确学习内容,解决学什么的问题

学习内容是学习目标的载体.根据新课标要求,要合理遴选能引发学生思考,激发学生思维,利于能力提升与素养发展的学习内容,不做机械重复的内容安排,精选同一类型的练习,减轻学生课业负担.但需要注意的是,切记勿将学习内容当作学习目标.

(二)选择适当的动词,明确主体的行为动作

学生在学习过程中能做什么、可以做什么,要选择适当的动词,具体地表述指定动作.如"解释""绘制""写出"等动词就是清晰的行为指向,而"体会""感悟"则模糊不清.例如,"学生通过**观察**数列$-1,1,-1,1,-1,1,\cdots$,**写出**该数列可能的通项公式,并**解释**得出这个公式的依据."

(三)确定学习起点与终点,解决学到什么程度的问题

学习目标,基于学情,根据学生认知水平与经验基础确定学习起点,并明确期望学生通过学习后获得哪些能力改变与价值观念,制定合格表现的最低标准.教师可将学习者在学习前后的行为表现,作为评估目标达成度或学业质量的样本依据.如"**至少用两种不同的方法求** $1+2+3+\cdots+100$ **的和**",两种不同方法就是学习程度的体现.

(四)给定学习条件,匹配学习有效发生

学习条件是指学习结束后学生表现出的行为能力应该具有的条件,一般包括"提供条件"和"限制条件"两种形式.说明学习主体的行为基于什么条件实

现,或者在什么限制条件下完成学习任务,主要表现为环境、信息、工具以及学习方式等因素. 适当的条件,可为学生搭建学习的脚手架,获得成就感;在限制条件下解决指向学科本质的问题,可激发深度思考,积累学习经验. 如"不用计算器等工具比较 $0.2^{0.1}$ 与 $0.2^{0.2}$ 的大小",就是给出一定的限制条件,需要学习者思考在没有计算工具的情况下如何解决问题.

目标叙写不仅要遵循以上基本步骤,还要将内隐心智活动或认知过程,通过依托学习任务的创建实现外显评价,这确实是一个巨大的挑战.

根据本章第三节我们阐述的目标达成度的判断标准,目标叙写主要包括学习内容、学习行为、学习条件以及学习程度(表 3.16).

表 3.16 目标叙写的基本要素

目标要素	要素构成
学习内容	学什么与如何呈现
学习行为	学习动作指向及其表现程度
学习条件	学习需要的条件或限制的条件
学习程度	期望学习行为发生的最低标准

只有将学习内容、学习行为、学习条件以及学习程度有机结合,才能叙写出完整的学习目标. 只有学习内容,没有学习行为的发生,不能称之为学习目标. 而缺乏学习条件作为学习目标的支撑,目标可能会成为"空中楼阁". 若学习行为没有对应标准,学习目标的达成无法评估.

四、目标叙写的结构与动词

(一)结构层次

学习目标包括目标维度和目标层次两个方面. 布鲁姆将教育目标分为认知领域、情感领域和技能领域,各维度的教学目标按照发展水平进行层次分级. 因此,确立目标结构时,可以根据对课程标准、教材和学情的分析,从知识、能力、素养维度,将学生的身心发展水平从低到高设计成不同的层次(参见案例 6).

（二）动词转换

不同类型的动词可用于描述具体学习内容的过程性目标要求与表现性目标要求. 新课标中有两类行为动词，一类是描述表现性目标的行为动词，包括了解、理解、掌握、运用等；另一类是描述过程性目标的行为动词，包括经历、体验、感悟、探索等，这些目标是形成核心素养的基础和条件，最终指向学生核心素养的形成与发展，并且新课标对这些行为动词给出了相应的含义，这给目标叙写恰当使用行为动词提供了依据. 从这个意义上说，看目标是否合理，就是看动词是否合适.

"了解"指的是从具体的实例中知道或举例说明对象的有关特征，根据对象的特征从具体情境中辨认或举例.

"理解"指的是描述对象的由来、内涵和特征，阐述此对象与相关对象之间的区别和联系.

"掌握"指的是多角度理解（如上所述）和表征数学对象的本质，把对象用于新的情境.

"运用"指的是基于数学对象和对象之间的关系选择，创造适当的方法解决问题.

"经历"指有意识的参与特定的数学活动，感受数学知识的发展过程，获得一些感性认识.

"体验"指有目的地参与特定的数学活动，验证对象的特征，获得一些具体的经验、感悟，在数学活动中，通过独立思考或合作交流获得初步的理性认识.

"探索"指在特定的问题情境下，独立或合作参与数学活动，理解或提出数学问题，寻求解决问题的思路，获得确定结论.

由于述说语境的不同，备课时可以使用相应的词语表述与上述行为动词同等水平的要求.

"了解"的同类词是"知道，初步认识". 比如知道轴对称图形的对称轴，结合具体情境，初步认识小数和分数，感悟分数单位.

"理解"的同义词是"认识，会". 比如认识长方体、正方体和圆柱，会同分母分数的加减法.

"掌握"的同义词是"能". 比如能比较实数的大小.

"运用"的同类词是"证明、应用". 比如证明三角形的内角和定理，在实际情境中综合应用比例尺、方向位置测量的知识,绘制校园平面简图,标明重要场所.

"经历"的同类词是"感受,尝试". 比如结合实例感受平移、旋转,轴对称现象,尝试运用各种方式,如用文字、图画、表格等呈现小组的调查结果,讲述调查的过程和结论.

"体验"的同类词是"体会". 比如体会一次函数与二元一次方程的关系.

但是,上述行为动词,并不能很好地应用于目标叙写当中,这是因为,学习目标必须可测、可见,那么相应的学习行为也应该可测、可见. 比如,若用"了解"或"感悟"来叙写学习目标,就很难实现目标的可测性与可视化,因为这两个动词都属于心理的内隐动词,这样的内隐动词所表示的认知过程是模糊不清的.

不可否认,目标叙写如何将课程目标对诸如情感态度等模糊的变量描述清晰化,是一个难点.

无论如何,目标的叙写,都要用恰当的动词表述,还需要在课标的动词上做进一步解读,将不容易检测的动词转换为可测、可见的行为动词.

您可以通过下面的案例,看到对课标的简要分析与叙写目标做语义转换的前后差异.

案例6:新的课程标准要求3~4年级的学生"经历小数与分数的形成过程,初步认识小数与分数",这条标准包含"小数"与"分数"两个概念以及"经历""初步认识"这样的模糊认知过程,给目标达成度的确认带来困难.

新的课程标准要求5~6年级的学生"理解小数与分数的意义,能进行小数与分数的四则运算,探索数运算的一致性."这条标准类似地包含"理解……的意义"与"探索……的一致性"这样的模糊认知过程.

为此,我们需要进一步进行语义转换,将之细化为可操作的学习目标,叙写如下.

对于3~4年级的学生而言,可以设置两个目标层次.

(1) 能够借助实物描述小数和分数产生的过程;

(2) 正确书写小数与分数.

对于5~6年级的学生而言,可以设置三个目标层次:

(1) 能够借助实物模型(如直尺上的刻度)或图画模型(如平均分成100份的正方形)解释小数与分数的意义以及它们的相互关系;

(2) 能将整数的四则运算经验迁移到小数与分数的加减乘除运算,获得整

数运算与小数、分数运算一样的规则:无论是整数还是小数或者分数,都遵循先乘除,后加减,有括号先算括号内的规则;

(3) 能尝试根据计数单位进行个数的累计做数字运算,并总结运算规律.

比如,0.26+0.35=0.2+0.3+0.06+0.05 表示 2 个十分之一与 3 个十分之一累加得到 5 个十分之一,该结果为 0.5;另外还有 6 个百分之一与 5 个百分之一累加得到 11 个百分之一,即 1 个十分之一,以及 1 个百分之一,该结果为 0.11;最后累加结果为 6 个十分之一,1 个百分之一,即 0.61. 其运算规律是:只有计数单位一致的情况下才能做加法运算(减法、乘法、除法与加法类似),即对齐数位相加,逢十进一.

又如,0.2×0.3,首先把 1 平均分成 10 份,取其中的 2 份,即为 0.2,0.2×0.3 表示 0.2 的 $\frac{3}{10}$ 是多少,即把 0.2 再次分为 10 份,取其中的 3 份,这时就产生了新的计数单位"0.01",于是再以"0.01"为计数单位,累加 6 次,得 0.06. 用算式可以表征为:0.2×0.3=(0.1×0.1)×(2×3)=0.06.

张景中院士曾经说过:"计算是具体的推理,推理是抽象的运算."数运算既有一致性,又有抽象性,但借助于具体数字进行运算,可获得从特殊到一般的计算方法,其过程表现为逻辑推理,即寓理于算.

相信不少中学数学老师都遇到过一个分数错误相加的典型案例:$\frac{1}{2}+\frac{1}{3}=\frac{2}{5}$,通常,老师们会无奈地说,小学分数加法都不会,学生的数学基础真差,分数相加时,竟然分母与分母相加,分子与分子相加.

事实上,这个错误恰恰给我们一个很好的启迪与反思机会:小学阶段数字运算的学习目标未能达成,究其原因,是学生的知识结构里没有形成计数单位的概念. 分数运算时,缺乏数字运算计数单位一致性的概念,从而产生机械地单独将分子分母分别相加的错误,在计数单位这一基础"空心"的情况下,形成一个虚假而易于坍塌的认知结构.

希尔伯特·迈尔认为优质课堂教学的十项特征之一是清晰的课堂教学结构:目标结构、内容结构、过程结构、行为结构、社会结构以及空间结构. 如图 3.7 所示,这个结构是创建优质课堂教学设计的一个基本框架.

因此,我们一线教师要做的,不仅是局限在当前学段的知识框架里,还要有全学段的知识架构与学情分析,做到学习目标的针对性与有效性以及层次性设

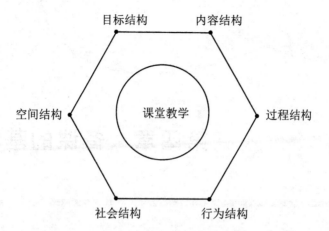

图 3.7　希尔伯特·迈尔的优质课堂教学六边形

置,通过构建引发学生思考与实践的学习活动以及评估任务,助力学生获得学业成长与持续发展的学习能力.

第四章　备课的基本策略

备课的宗旨是追求教学的有效性,也即实现有效教学.教师的教决定着学生的学,教师的教学方式决定着学生的学习方式.教学的目的不是试图为学习者勾画一个外部的现实结构,而是帮助学生建构出他们自己对外部世界的有意义的概念及其功能的描述.教学有三种境界:传授知识、培养能力、发展素养.教学的有效性,关键看学生是否通过学习获得适合的发展.由此,备课的基本策略需要着眼于教学活动"有效果、有效率、有效益"的实现,也即通过备课助力教学活动与预期学习目标相吻合,让教学活动的收益与价值得以实现.因此,备课的基本策略,要以教学策略为出发点,教学策略影响着备课策略.

所谓教学策略是指为实现教学目标采取的教学活动的程序、方法、形式和媒体因素的总体思考、策划和谋略,集中地反映教学设计者的教育思想和主张.教学策略反映了实现预期目标所采用的途径和方法,表现为教学过程中的综合解决方案,是实现教学目标的关键.教学过程结构和教学方法组合运用的流程,是教学策略选择和应用的体现,也是回答如何学、如何教的体现.制定策略就是要明确"如何学、如何教",是教学设计的重点.教学的基本策略有生成性教学策略、替代性教学策略和指导性教学策略.

生成性教学策略倾向于建构主义学习的理论观点,强调以学生为中心,认为学生是认知的主体,是知识意义的主动建构者.教师对教学意义的生成起帮助和促进的作用,并不要求教师直接向学生传授和灌输知识,教学中利用情境、协作、对话等要素,充分发挥学生的主动性、积极性和创新性.最终达到使学生有效实现对当前所学知识意义建构的目的.

替代性策略是指学生通过教师呈现材料来掌握现成知识的一种教学策略,倾向于学生当前所学的全部内容都是以确定的方式,由教师传授给学生,学生无需进行任何独立发现,只需要把教师呈现的材料,例如一个事实、一个概念、一个规则、一个联想、一种关系加以组织内化到原有的认知结构中,促进认知结构的重组、丰富和发展.

指导性教学策略是指将教学内容、类型,教学条件的因素筛选和整合,将其置于有效的整体教学结构中,并找到一种正确描述教学过程中的矛盾、动力要素及其关系的基本操作方法.

生成性教学策略、替代性教学策略和指导性生成策略,是相对独立的策略,各有特点.综合来看,核心素养导向的课堂教学更加倾向于建构主义理论支撑的生成性教学策略.

建构主义理论认为,我们应该对学习形成四点共识:

(1)学习者建构自己的理解;

(2)新的学习依靠现有的理解;

(3)社会性的互动可以促进学习;

(4)意义学习发生在真实的学习任务之中.

建构主义强调意义是学习者通过新旧知识经验间反复的、双向的相互作用过程而建构成的,学生应成为主动的思考者而不是被动的知识接纳者(表 4.1).

表 4.1 传统课堂与建构主义课堂比对

传统课堂	建构主义课堂
课堂展示由部分到整体	课堂展示由整体到部分
高度重视是否严格遵循固定的课程	高度重视学生提出的问题
课堂活动主要依赖于教科书和练习册	课堂活动主要依赖于直接的资料来源和可操作的资料
学生被认为是"白板",教师在上面刻画信息	学生被认为是思考者,提出关于对这个世界的看法
教师通常采用说教方式的教学,传递信息给学生	教师常常与学生保持互动,为学生协调环境

续表

传统课堂	建构主义课堂
教师寻求正确答案来证实学生的学习	教师寻求学生的观点和现有的理解,为日后的课程教学做准备
学生学习的评价和教学分离,几乎全部采用测验和考试的方式	学生学习评价和教学相结合,教师通过观察学习状态中的学生,以及学生的展示与个人作品档案来进行评价
学生单独学习	学生以小组方式学习

此外,不同的学习方式具有不同的教学设计,以应对不同的学习需求(表4.2).

表4.2 常用学习方法设计

目标导向学习	确定目标—获取信息—探索练习—团队协作—目标检验—总结反思
问题导向学习	分析情境—明确问题—获取信息—集体讨论—解答问题—总结反思
任务驱动学习	获取任务—制订计划—决策方案—实施工作—质量检验—反思优化
案例分析学习	案例认知—明确问题—获取信息—集体讨论—制定策略—反思优化

基于上述三种具有普遍性的教学策略、建构主义理论、常见学习方法以及新课程标准,本书提出六种备课策略:基于情境化的备课策略、基于信息技术融合的备课策略、基于大单元或主题学习的备课策略、基于项目式学习的备课策略、基于"双减"的备课策略以及基于课程思政的备课策略.需要说明的是,这些策略可能存在交叉性,比如可利用信息技术策略创设真实情境,或利用信息技术提高课堂教学效率实现"双减"等.

第一节 基于情境化的备课策略

我们总是希望有价值的、有意义的学习发生.因此日常教学中,我们面对的一个挑战是:如何在学习与学习者之间建立关联.学生经常会问:"我们为什么要学习这些东西？比如，为什么要学习函数、二次曲线等？"或者"我们为什么要这样做？为什么对等比数列求和？"，甚至"这节课对我们有什么好处？比如，圆有什么用，能换钱吗？"这些问题都曾先后在我的教学生涯中出现过，其他数学老师也坦言有类似经历.显然，如果我们说"这些是国家规划教材中的内容"或"考试大纲明确要考"或"课程标准要求"或"发展核心素养的需要"，那都是一种苍白的回应.

学生之所以会产生上述这些困惑，是因为难以将学习与真实情境联系起来.一堂与真实情境完全剥离的数学课，核心素养根本无从谈起.

数学学科核心素养通常是在综合化、复杂化的情境中，通过个体与情境的有效互动生成的，可见素养的形成与情境有着密不可分的关系[①].核心素养的养成是孕育在学生与问题情境的有效互动之中进行的，而且，不同的情境与学习任务，需要不同的素养.因此，情境创设被赋予了培养核心素养的功能.基于这种认知，教学设计中，要把教学情境及学习任务与学生数学学习的核心素养形成对应关系，根据学情与学科内容创设合适的情境，使学生经历其中，感悟数学知识的发生、发展过程，揭示数学的本质，并通过解决特定的情境任务，提升学生的核心素养.新课标强调学科实践，倡导"做中学、用中学、创中学"，做到知行合一，理论与实际结合，避免知识与生活脱节.

没有在真实情境中体验学习、问题解决中获得经验的学习过程，学生很难获得问题分析能力、协作沟通能力、创新能力、批判能力、决策能力以及抱有学习兴趣、好奇心、挑战精神以及正确的价值判断.

一、关于情境化教学

根据皮亚杰学派的认知发展理论与学习的建构主义原理以及有效教学的相关研究，情境化教与学是通过选择并重组一些基本的、传统的学习内容，创设真实的问题情境，帮助学生获得良好的学习体验，有助于核心素养的形成.

[①] 史宁中,王尚志.普通高中数学课程标准解读[M].北京:高等教育出版社,2020.

Berns & Erickson 对情境化教与学的阐述是①:"……关于教和学的一个概念,它可以帮助教师将学科内容跟真实世界的情境结合起来,并促使学生在知识、知识的应用以及他们作为家庭成员、公民和工作者的生活之间建立联系."

情境化教与学根植于建构主义理论与实践以及基于问题、基于项目的学习,关于基于项目式的教学设计策略将会在本章的第四节进行讨论.

在情境化教与学的课程设计中,将内容(知识)方面的需求置于学习者与社会需求之间,从而使得课程内容更有意义与价值.教学设计过程中,积极创设身心融合的真实问题情境,有助于促进学生进行思维联想,有助于反映新旧知识的联系,有助于学生对知识进行重组与改造,帮助学生产生知识的同化与顺应,实现由学习走向生活.

二、情境化创设的一般步骤

我们可以根据课程内容的选择、组织与呈现方式,选择相应的问题情境创设策略.既可以通过语言描述创设情境、信息技术融合创设情境、问题设疑创设情境,还可以通过实验创设情境、社会生产实践创始情境,一般具有如下步骤.

(1) 研究学习目标和内容,明确各维度目标的落脚点;

(2) 了解学生已有的认知状况和实际的生活经历,准确分析出学生的已有知识和通过学习应该达到的水平;

(3) 在丰富的课程资源中筛选与学生生活经验密切相关的教学情境素材;

(4) 根据确定的教学环节以及学生的学习方式创设合适的教学情境;

(5) 在教学实践中及时修正、总结效果或寻找出现问题的原因与对策.

总之,基于情境化的备课策略,要考虑 4 个要素:情境化学习主题、挑战性学习任务、素养导向的学习目标以及持续性学习评价.在情境中发现问题、解决问题,实现知识的迁移应用(如图 4.1 所示).

---

① Leigh Chiarelott. 情境中的课程——课程与教学设计[M]. 杨明全,译. 北京:中国轻工业出版社,2007.

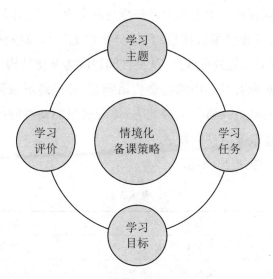

图 4.1　情境化备课策略四要素

三、情境化创设举例

案例 1：为了预防"登革热"，新城学校对教室采用药熏消毒灭蚊．据监测，药物燃烧时，室内每立方米空气中药物含量 y(毫克)与时间 x(分钟)成正比；药物燃烧完后，室内每立方米空气中药物含量 y(毫克)与时间 x(分钟)成反比(如图 4.2 所示)．现测得药物于 8 分钟后燃烧完毕，此时教室内每立方米空气中药物含量为 6 毫克．(1) 求 y 与 x 的函数关系式；(2) 当空气中药物含量不超过 2 毫克方可入内，试问，在什么时段内，学生不可进入教室？

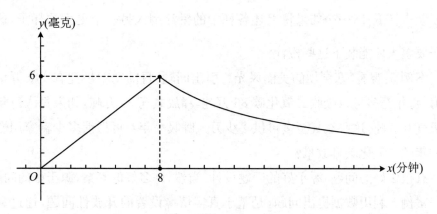

图 4.2

该案例中的问题源自学生的学习环境与现实生活,利用生活实践素材创设情境,核心知识指向分段函数建模.具体分析参见第六章案例 8 点评,在点评中,我们将进一步对问题进行改造,从良性问题改为非良结构问题,以期进一步深入思考如何应对现实世界中的社会生活问题,并最终形成问题解决方案,培养核心素养指向的必备品格与关键能力,体现通过驱动性问题引发知识、能力与情感态度的增量改变与良性发展.

案例 2:利用数据提出问题.

表 4.3

时间	周六	周日
上午	中小学生 57 人	中小学生 86 人
	成人 94 人	成人 94 人
下午	中小学生 64 人	中小学生 115 人
	成人 133 人	成人 167 人

表 4.3 是某艺术中心周末绘画展览参观人数的纪录,从这些数据中,你能提出什么问题?

案例 3:一个简化的等周问题.

用 10 米长的篱笆围一块菜地,怎样围,菜地的面积最大?

案例 4:取大小相同的杯子若干,第一个杯子装满橙汁,第二个杯子装 $\frac{1}{4}$ 杯橙汁,第三个杯子装 $\frac{1}{9}$ 杯橙汁,第四个杯子装 $\frac{1}{16}$ 杯橙汁,……以此类推,第 n 个杯子装 $\frac{1}{n^2}$ 杯橙汁,……如果将上述各杯中的橙汁倒入另一个更大的杯子,这个杯子要多大才能装下这些橙汁?

案例 5:观看《塞罕坝的美丽风光》,引出问题:目前塞罕坝拥有 140 万亩的林海,每年至多可以吸收二氧化碳 86 万吨,释放氧气 60 万吨,如果每人每年呼吸氧气 0.3 吨,这些氧气至多可供多少万人呼吸一年?可抵消多少辆家用燃油车一年的二氧化碳排放量?

有很多好的问题,源于好的问题设计.当然,许多好的答案,源于好的问题.

案例 2 利用数据提出问题,是基于真实情境设置的开放性问题,通过数表创设情境,核心知识指向数据分析.对于学习者而言,可以从多个角度审视思考,培养数据意识、数据分析意识以及问题意识.时间维度上,有周六、周日之分,还有上午、下午之分;参观对象上,有中小学生与成人之分;数量维度上,有分量与总量之分.学习者可以从单个时间维度或参观对象维度提问,也可以将时间维度与参观对象结合提问,还可以从分量与总量的维度提问.

案例3是经典的生活问题数学化,即水平化数学问题,核心知识指向函数建模.通过建立二次函数模型,获得一类周长相等的矩形面积最大问题策略:当矩形为正方形时面积最大(更多详细分析参见第六章案例5).

案例4是著名的欧拉无穷级数求和问题,通过生活故事创设情境.当时包括牛顿、莱布尼兹以及伯努利都无功而返.1735年,欧拉因为发表这个无穷级数求和结论(如下)而登上数学界的顶峰.将一个世界级数学难题如此生活化呈现,是基于真实情境的绝妙设计,符合第一章第一节学习知觉的理解性要求.

$$1+\frac{1}{2^2}+\frac{1}{3^2}+\cdots+\frac{1}{n^2}+\cdots=\frac{\pi^2}{6}$$

案例5用生活素材创造数学学习情境,核心知识指向数学运算、分类讨论和科学文献的检索与查阅(如不同车型燃油车的二氧化碳排放量等问题),可以帮助学生通过数学视角建立植被方案,形成环保意识,体现数学的应用价值.

基于真实情境的开放性问题,是一种有效的、有意义的学习探究.教师要鼓励学生详细阐述对问题的思考,让学生尽量说出自己对问题的看法.通过一个简单的事实性提问开始教学,然后引导学生清晰回答、索求新信息,或转变回答,将之转到一个更高水平的问题上来,使其概念化、精练化,从而得出新的结论.

第二节 基于信息技术融合的备课策略

教育信息技术融合给一线教师备课带来机遇,同时也给一线教师带来更多的新能力要求.信息技术不仅促进教师的教,也促进学生的学.信息技术使得数学表征有新途径、新方法,也给数学教学带来新环境、新策略.

据相关数据统计,在过去的20年里,我国互联网普及率高达73%,信息技术带来学习工具的变革,随之而来的是思维方式的改变.

如 17 世纪的费曼数问题,人们费尽九牛二虎之力,证明了
$$2^{2^2}+1=17$$
$$2^{2^3}+1=257$$
$$2^{2^4}+1=65537$$
它们都是质数,而要证明 $2^{2^5}+1$ 是否还是质数,工作十分艰巨. 但如今应用一个小小的数学开源软件,实现一键解决,几乎是"秒杀"答案: $2^{2^5}+1=641\times 6700417$,为推翻 $F_n=2^{2^n}+1(n\geqslant 2,n\in \mathbf{N})$ 是质数的猜想找到了反例.

一、信息技术融合为学与教赋能

信息化教学是以现代教学理论为指导,基于现代信息技术,构建信息化、智能化教学环境,利用信息化资源,根据信息数据设计精准化与个性化教学活动,从而提高教学效率的教学形态.

智能技术的快速迭代,给创设真实情境、创新课堂教学、提高教学效率带来了可能性,信息技术融合课堂教学可以使得数学学习更加精彩.

信息时代的思维方式,更直接、更高效,同时也更发散、更多元. 一方面,我们要认识到,开展信息化教学其实是为了适应信息时代成长起来的学习者的思维方式;另一方面,我们也要意识到,开展信息化教学实质上是探索如何让在信息时代诞生与成长的具有"信息土著"特征的学习者用他们更习惯的方式进行学习.

需要强调的是,信息技术应用,一定要凸显信息技术为数学教育服务的本质定位:以增强有效地利用信息技术学习数学的意识为根本,提供信息技术支持下丰富的学习资源和教学资源,倡导基于信息技术的概念理解、原理运用、问题解决的创新教学活动,提高学生学习数学的兴趣,促进学生对数学的深刻理解.

二、信息化情境创设基本路径

信息化情境创设可以有两个基本路径:生活情境与数学情境. 生活情境可以生活现象或时事热点为切入点,通过引发与学生已有的生活经验共振去剖析问题. 数学情境则通过数学实验或数学内部逻辑,以数学知识为主线,引发学生

开展由浅入深、由具体到一般的探究学习.

基于信息化技术的教学设计,从教学策略到讲授方式,从学习内容到作业方式,乃至评估方式都与传统教学设计有着很大的区别(表 4.4).

表 4.4 信息化教学设计与传统教学设计的比较

内容	传统教学设计	信息化教学设计
教学策略	教师导向	学生探索
讲授方式	单方面的讲授	交互性的指导
学习内容	单学科的独立模块	任务驱动的多学科交叉模块
作业方式	个体作业	协同作业
教师角色	教师作为知识的实施者	教师作为帮促者
评估方式	针对事实性知识与离散技能的评估	基于绩效的评估

运用信息时代的思维方式与行为方式,设计和组织"学"与"教"的活动过程中,必须基于学习者特征与信息技术教育属性,将信息生态情境与学习意愿进行整合,确定学习起点.教学设计要更加凸显信息化、人性化、创新性、跨科融合的特征.

因此,信息化技术融合,首先要求教师建立起开展信息化教学的理念与意识;其次要有使用信息化教学工具的能力;此外,还要具有信息化设计能力,实现信息化教学的执行能力,完成信息化教学的评价能力以及利用信息化手段反思教学效果的能力.

三、信息技术融合备课策略

基于信息技术融合的备课策略,具有两个方面的涵义:一方面是指将信息技术融入教学呈现方式的教学设计,另一方面是指将信息技术融入学情分析与学习评价.本节内容,主要聚焦如何通过信息技术融合到教学内容及其呈现方式上,更多关注信息化教学的组织与设计.

我们可以在概念教学中利用信息技术通过直观展示,揭示概念的本质属性,加深对概念的理解;运用数学软件做数学实验,将静态知识动画呈现,揭示数学对象的变化规律;利用信息技术产生的数据,获得数量关系、变量结构、函数模型等.充分利用信息技术的功能,可拓展数学课堂空间,构建数学学习环境,改进数学学习方法,在探索中主动建构知识.

特别需要强调的是,信息化教学既非等同于使用信息化设备进行教学,也不等同于使用信息化手段教学,更不等同于在信息化环境中教学.学习工具是思维外显化的载体,信息技术应用不等同于软硬件的堆砌,而是应用学习理论与教学设计理论,将信息技术作为提高教学效率的手段、解决学习难点的方法,让信息技术服务于数学教学,更好地帮助学习者领悟数学.

(一)利用信息技术创设真实情境

在信息技术的支持下,师生可以根据实际需要利用各种工具共建资源,通过信息化情境创设,将学科逻辑与生活逻辑相结合,打造信息化课堂,通过问题驱动,揭示数学学习的本质.

信息化情境创设要考虑 3 个要素:

(1)师生共建.学生不仅是资源的消费者,还是资源的创建者.充分利用信息化背景下成长的学生一代的数字化意识与信息技术能力,师生共建学习资源,在资源建设中体验概念产生的背景与过程.

(2)问题导向.利用信息技术创设真实情境,要以"问题"为导向,通过问题驱动激发学生兴趣,引导学生"做中学、创中学、用中学",在协作与对话中,寻求问题解决方案.

(3)注重本质.信息化教学资源力求体现情境的鲜活性与时代特点,更重要的是在资源建设过程中,体现数学的相关性,注重通过信息技术揭示数学概念的本质.

例如,将 COVID-19 疫情曲线进行数学建模,抽象出函数单调性(参见第六章案例评析 3),通过信息化技术融合,实现数学概念生成与"再造".

$$\begin{Bmatrix} 情境创设 & \to & 数学建模 \\ \downarrow & \cdots & \downarrow\uparrow \\ 曲线拟合 & \to & 概念生成 \end{Bmatrix}$$

需要说明的是,真实情境可以来自现实世界的客观事物,也可以来自数学内部的问题情境.无论如何,信息技术能够助力课堂教学内容的呈现更加直观、形象、生动以及精准,易于概念的理解与问题的解决.

例如,若以椭圆 $\dfrac{x^2}{25}+\dfrac{y^2}{16}=1$ 右焦点 F_2 为圆心、半径为 r 的圆与椭圆无交

点,求 r 的取值范围.

分析:如果用代数方法,需要构建二次函数,解题过程相对繁琐复杂.但如果结合信息技术创设动画来直观呈现,能快捷、精准地解决该问题.如图4.3所示,当半径 $r=|MF_2|=a-c=2$ 时,圆 F_2 与椭圆内切;如图4.4所示,当半径 $r=|MF_2|=a+c=8$ 时,圆 F_2 与椭圆外切;如图4.5所示,当半径 $a-c<r<a+c$ 时,圆 F_2 与椭圆相交.

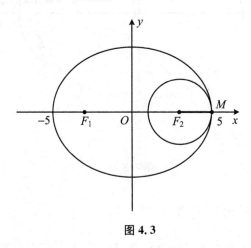

图 4.3

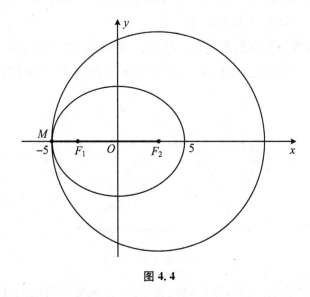

图 4.4

综上可得,当 $2\leqslant r\leqslant 8$ 时,圆 F_2 与椭圆有交点.故当 $0<r<2$ 或 $r>8$ 时,圆 F_2 与椭圆没有交点.

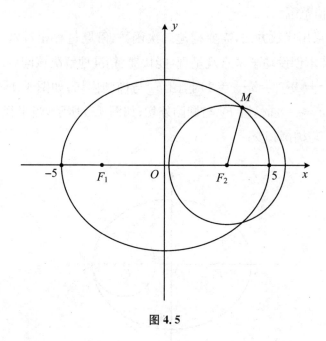

图 4.5

(二) 利用信息技术创建数学实验

合理利用信息技术创建数学实验,通过实验数据辅助分析问题,提出数学猜想,对问题解决具有巨大的帮助.

例如,平行线与折线相交问题:如图 4.6 所示,已知 $AB/\!/DE$,那么角 α、β、γ 之间有何关系? 可以通过信息技术,用几何画板拖动点 C 创建数学实验,展开问题探究.

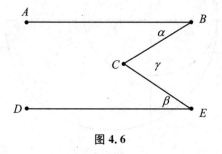

图 4.6

根据实验数据(图 4.7),得出猜想:$\alpha+\beta=\gamma$. 在实验数据的基础上,通过点 C 作线段 AB 的平行线 MN(图 4.8),可进一步验证结论的可靠性.

∠ABC	∠DEC	∠BCE
49.59°	49.90°	99.49°
37.96°	39.25°	77.20°
23.44°	32.05°	55.49°
23.08°	24.04°	47.12°
31.43°	33.54°	64.97°

图 4.7 实验数据

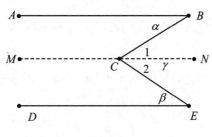

图 4.8

论证:因为 $AB/\!/MN/\!/DE$,所以 $\alpha=\angle 1, \beta=\angle 2$.
因

$$\angle 1 + \angle 2 = \gamma$$

故

$$\alpha + \beta = \gamma$$

再进一步,继续拖动点 C 到两条已知平行线的外部(图 4.9).

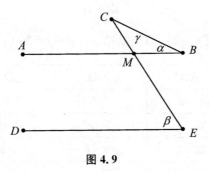

图 4.9

根据实验数据(图 4.10),得出猜想: $\beta - \alpha = \gamma$.

∠ABC	∠DEC	∠BCE
36.30°	66.39°	30.09°
31.91°	75.25°	43.35°
45.85°	74.43°	28.58°
36.53°	62.68°	26.15°
25.79°	57.35°	31.56°

图 4.10 实验数据

论证:因为

$$\angle AME = \angle BMC = \pi - (\alpha + \gamma)$$

又

$$\beta = \pi - \angle AME = \pi - [\pi - (\alpha + \gamma)] = \alpha + \gamma$$

故

$$\beta - \alpha = \gamma$$

类似地,还可以继续拖动点 C 的位置,改变如下(图 4.11).

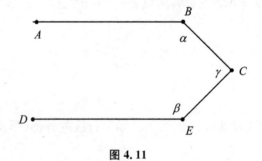

图 4.11

根据实验数据(图 4.12),得出结论:$\alpha + \beta + \gamma = 360°$.

∠ABC	∠DEC	∠ECB
140.99°	146.48°	72.53°
147.99°	154.56°	57.45°
123.95°	129.47°	106.58°
110.44°	116.10°	133.46°
136.30°	135.99°	87.71°

图 4.12

论证:如图 4.13 所示,过点 C 作 $MN/\!/AB$,则 $MN/\!/DE$,从而
$$\alpha+\angle 1=180°$$
$$\beta+\angle 2=180°$$

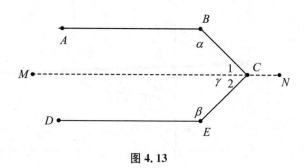

图 4.13

故
$$\alpha+\beta+\angle 1+\angle 2=360°$$
即
$$\alpha+\beta+\gamma=360°$$

事实证明,通过合理应用信息技术,可以将抽象的代数问题以几何直观生动地呈现,帮助学习者更好地理解数学概念.

例如,为了分析正弦函数的奇偶性,应用 GeoGebra 数学动态软件,通过技术参数的设置与改变以及绘图演示功能,直观分析图像特征,以"形"论"数".

首先,绘制正弦函数图像,当 $\alpha=0°$ 时,正弦函数图像(虚线)处于起始位置,通过绘图区设置滑动条、选择原点为旋转中心,可以看到,当 $\alpha=48°$ 时,正弦函数图像按逆时针绕着原点旋转到了如图 4.14 所示的位置.

其次,滑动条左右滚动,做数学实验,可以观察到,当 α 逐渐增大时,正弦函数图像逐渐回归到起始位置(图 4.15),当 $\alpha=180°$ 时,正弦函数图像完全复位(图 4.16).通过动画演示,可以直观看到,正弦函数图像关于原点对称,不仅验证了正弦函数的奇函数性质,而且能够更好地理解函数图像的几何特征.

又如,为了分析二次函数在给定区间上的最大值与最小值,可以利用 GeoGebra 绘图区的滑动条进行参数设置,获得丰富的视觉体验,不仅直观呈现函数的最值,而且还能对函数进行如图 4.17 所示的函数分析,其中包括曲线长度、曲变形面积等,不仅极大地改善了徒手作图的局限性,还能赋予更多维度的数据计算与分析.

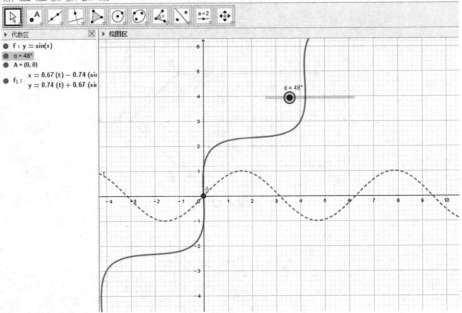

图 4.14

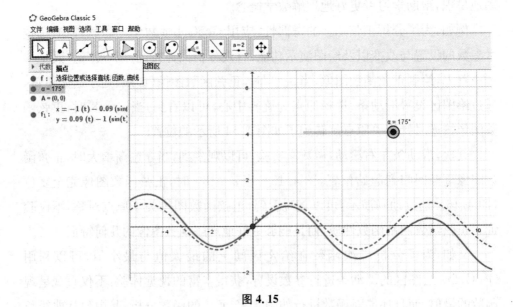

图 4.15

第四章 备课的基本策略

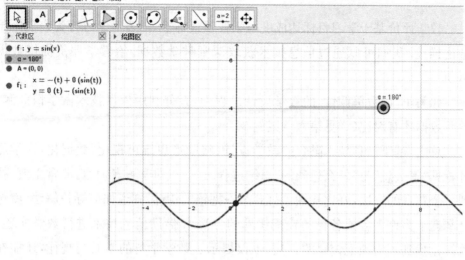

图 4.16

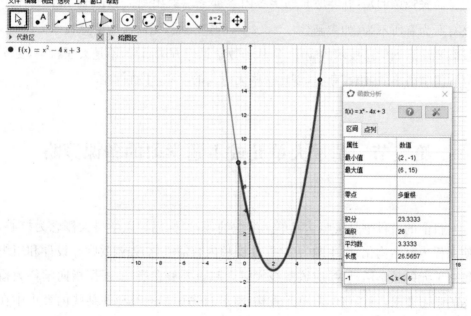

图 4.17

123

（三）利用信息技术创新教学评价

教学评价基于学习目标达成度与学业质量标准，需要对学习行为表现给予量化描述．我们可以通过信息技术获取课堂教学数据，给教学评价提供数据驱动．

如关于"函数单调性"的教学设计过程中，充分利用信息技术做学情前测，学后数据才有对比（详见第六章案例3）．

总之，基于信息技术融合的教学设计，将隐形思维可视化、数据化，让学习者看见"怎么想"与"怎么想到的"思维过程．这一点对学习者而言，非常重要．找到一个题目的解法，好比找到了打开某一把锁的钥匙；知道如何寻找解法，就像是掌握了为许多各式各样的锁配钥匙的方法[①]．借助信息技术进行数学实验，就好比找到了为锁配钥匙的方法，不仅揭示了数学学科的本质与规律，还能在可视化过程中培养学生的信息素养与实证研究意识、直观想象与逻辑推理等数学核心素养．

需要强调的是，并非所有的学习内容都一定要用到信息技术，信息技术应该有所为有所不为（如求函数 $y=\sqrt{x-4}$ 的定义域，无需借助信息技术）．因此，我们要注意到信息技术的应用，是基于数学思想方法而行，不是天马行空，更不应脱离学科本质，喧宾夺主，创建一些无意义的动画，干扰课堂．

第三节　基于大单元或主题学习的备课策略

目前的教科书是按照学习单元组织的，新课标倡导以学科大概念为核心，使课程内容结构化；以主题为引领，使课程内容情境化，强调教师在设计和组织每个单元的教学活动时，应该围绕大概念和重要概念展开．根据指向学科大概念的学习要求，可以将学习单元重构，将教科书中相同类型的某些内容集中在一起．结合学习单元重构，秉承逆向教学设计理念（从学习目标出发而不是从学习内容出发），从单元学习目标、单元评估任务以及教学实施计划等方面进行教

[①] 张景中．几何新方法和新体系[M]．北京：科学出版社，2014．

学设计,从而形成结构化的知识以及解决问题的整体思想方法,以促进核心素养的落实.

事实上,以核心素养为导向的备课策略,首先要清楚素养目标的落实包括编制方案、确立观念、解决问题、完成任务、创意实现、形成作品,不是了解什么、理解什么、记住什么.因此,教学设计必须相应地做出改变,不改则不达.

那么,我们怎样通过对课堂的顶层设计,更好地落地"课程核心素养"目标?答案之一便是大单元教学.

一、大单元

大单元不同于课本中的知识单元或教材单元,它是基于一定的主题、目标、方法等构成的知识模块,对外相对独立,对内相互关联的完整的教学单位,可以根据不同标准划分为"核心内容单元""方法类单元""问题类单元"等.它们大体上经历了这样的教学演变:从知识点到知识单元再到学习单元;从单篇教学到单元整合教学再到素养本位大概念(大单元)教学.

可见,大单元的本质是以素养为纲,构建以问题解决为目标,以大概念、大任务统领教学内容的结构化单元.大单元以学生学习行为的设计为主线,以问题或任务为导向,以学习项目为载体统筹考虑,强调真实情境、真实任务,强调在问题解决过程中渗透学科思维模式和探究模式,凸显学习过程的综合性和实践性,使学生经历完整学习单元,形成结构化整体性的核心素养.

二、大概念

大概念是大单元的核心要素,那么什么是大概念?大概念之"大","大"在何处?大概念有何特质?

正如一份数学试卷或一场数学考试不是大任务,一个数学定义或一个数学定理也不是大概念.

近年来,国际学界关于大概念的研究方兴未艾.大概念是一个概念、主题或问题,它能够使得离散的事实与技能相互联系并有一定意义[①].如数学运算的"分配律"是一个大概念,它能统领基于"数、式、向量"的数学运算.可见,大概念是指在某一学科中居于重要地位,对学科其他内容更具有统摄力、关联性的概念.

尽管不少学者对大概念的研究与认识存在差异,但其共性都指向于:大概念应该贯穿整个数学课程,应当是最重要、最核心、最具有统领性的数学;应当与其他知识具有充分的联系;应当体现数学的本质特点;应当为后续更高层次的学习提供必要的基础.

大概念之"大",应该体现在完整的结构形态,深刻的思想方法,指向学科本质核心内容,能迁移到实际问题中,具有现实意义,使得学生在学习过程中获得关键能力与素养提升.

我们已经认识到,知识能否促进学生核心素养的发展,与知识的组织形式有关.学习内容反映到大单元上,就是对现有教材单元的重构,基于学习意义的建构,这种建构既包括知识与能力层面,也包括情感态度与意志品质以及价值观念.

因此,大单元的结构化不仅是知识、技能的结构化,更是教学活动的结构化,是基于核心素养,在大主题或大概念、大情境、大任务的统领下,整个大单元教学活动的条理化与结构化.

大单元结构化是一种高阶思维的呈现样态,所折射的是一种整体层面的、系统科学的认知方式.用这样的观念对大单元学习活动进行结构化的设计有着积极的意义.

大单元以大任务、大情境、大活动开展相关的学习活动,以整体的目标任务为驱动力,依据课标,将教材单元转化为大单元,围绕大单元主题(大概念),促进学生迁移应用,设计大作业,发展学生的课程核心素养.在这背后,大单元一定要立足于课程整体理念和思维.一个大单元就是一个学习事件,是一个完整的数学叙事方式.

---

① 格兰特·威金斯,杰伊·麦克泰格.追求理解的教学设计[M].2版.闫寒冰,译.上海:华东师范大学出版社,2017.

三、大单元教学促进核心素养发展

如果说核心素养是新课标的灵魂,那么支持核心素养这一灵魂的就是构成大单元的大概念、大任务,也即大任务与大概念是核心素养提升与发展的载体.如果没有核心概念,仅是碎片化的知识点,难以解决综合性问题,难以实现学习进阶以及核心素养发展.没有大概念、大任务,核心素养就是空的,立不起来[1]."核心素养—课程标准—单元设计—课时计划"这一环环相扣的教学活动中,单元设计处于关键的地位,是撬动课堂转型的重要支点[2].

《义务教育课程方案(2022年版)》在"课程实施"部分第 2 条"深化教学改革"部分明确指出:"探索大单元教学,积极开展主题化、项目化学习等综合性教学活动,促进学生举一反三、融会贯通,加强知识间的内在联系,促进知识结构化."新课标特别强调以大单元组织知识开展教学,倡导以大概念将知识结构化,以大单元作为结构单位,形成大任务、大概念(图 4.18).

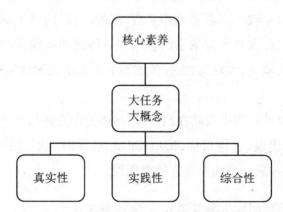

图 4.18 核心素养与大任务、大概念的层级关系

核心素养导向下的单元教学,要通过对情境、问题、活动等进行整合,让学生获得从形式、结构、关系以及规律上把握知识的能力,促进核心素养发展.

---

[1] 张卓玉. 大观念、大任务是理解和落实新课标的重中之重[R]. 中国教育三十人论坛,2022:8.

[2] 钟启泉. 单元设计——撬动课堂转型的一个支点[J]. 教育发展研究,2015,35(24):1-5.

四、大单元设计

大概念教学必须进行单元整体教学设计.当一堂课包含在更大的单元和课程设计中时,通常会更有目的性和连续性.既然大单元是大任务、大概念的载体,那么,如何走向大单元教学设计呢?

(一)大单元教学设计基于主题重构

大单元教学体现在对学科教学单元内容进行二度开发和整体设计."大单元教学设计"是指以大主题或大概念为中心,对学习内容进行分析、整合、重组和开发,形成具有明确的主题、目标、任务、情境、活动、评价等要素的一个结构化的具有多种课型的统筹规划和科学设计[①].

大单元教学设计,要目标先行.教学目标要关注学科核心素养,教学内容要落实大概念形成、运用、迁移,教学测评要以学业质量标准来评价大概念所体现的核心素养习得,学教评三者要互相照应、匹配.它指向学生深度学习、高阶思维与核心素养达成.大单元背景下的学教评一体化的备课黄金法则,是以学业质量为标准,以大概念、大观念、大任务统领下的大单元为结构单位设计的学教评一体化.

因此,教学设计过程中要站在高位,用统筹的眼光进行内容整合.大单元教学是一种微课程建设,它将目标、情境、知识点、课时、学习活动、教师指导、作业、展示、评估整合成一个相对独立的微课程.

(二)大单元设计的基本要素与设计框架

从课程的视角看,一个完整的单元设计至少包含六个要素:单元名称、单元课时、学习目标、评价任务、学习过程、练习与检测.这六个要素构成一个相对独立、完整的教学或学习单位,也是一个完整的学习或课程事件[②].大单元设计六要素可分别通过单元规划建议、单元内容分析、单元学习目标设计、单元学习任

---

① 光明社教育家.大单元教学设计——新时代教师的必备技能[R].2022:10.
② 围绕"新课标、新评价、新教法",崔允漷等专家回应一线教师普遍关切的问题[R].中国教师报,2022:8.

务设计、单元作业设计、单元评价设计以及单元资源设计来确定(表 4.5).

表 4.5　大单元教学设计六要素

要素	确定依据或构成
单元名称	通过大概念、核心知识结构确定
课时分配	由教学内容与知识逻辑主线确定
学习目标	根据单元的价值与地位确立单元学习目标
评估任务	依托教学资源创设对应于学习目标的评估任务
学习过程	包含任务与活动、方法与时间分配等因素以及设计意图
练习检测	创建课时检测与单元检测

因此,单元设计要"明确预期学习成果,确定恰当的评估办法,规划相关教学过程",呈现情境－问题导向下的深度学习过程.

首先,在设计理念上,我们要聚焦核心素养,以学习为中心,运用系统思维,指向概念性理解,将课程内容进行整合与重构,凝练出可供学生深度学习的有意义的单元主题.如函数的性质,贯穿整个数学学科知识,是刻画函数、分析函数的有效工具,蕴含数学抽象、逻辑推理、直观想象等核心素养,可以作为统领函数知识结构的单元主题.

其次,在设计思路上,要在学情分析、课标分解、教材分析的基础上,围绕单元主题提取核心概念,形成可普遍迁移的大概念.之所以倡导大主题、大概念,是因为要从关注学科的碎片、零散知识,走向背后的结构、关系与规律,追求知识、能力的应用和迁移.如函数性质这一单元主题可提取"单调性""奇偶性"与"周期性"作为大概念,这些概念既贯穿数学所有函数学习,又为函数值大小比较、求函数最大值、最小值以及相关运算提供有效的分析工具.

再次,在设计愿景上,要有清晰的目标达成线索,有逻辑分明的核心任务设计及层次递进的子任务规划,基于新课标倡导的学教评一致性,围绕大概念创设真实情境与大任务,设计系列探究活动,让学生像专家一样思考与行动,亲身经历知识的诞生和迁移应用.如通过几何画板创建数学实验,在可视化的图形轨迹与数据建表中,从"形"的直观想象到"数"的精准表达,描述函数的变化规律,并进一步观察、探究、发现、解释以及表达这种关系,经历由具体到抽象、由图形语言和自然语言到符号语言表达的过程,发展学生的直观想象、数学抽象、数学建模及逻辑推理等核心素养(参见第六章案例 1　函数的性质).

虽然近年来一直将课程目标分解为"总目标—学段目标—学期目标—大单元目标",但是新课标只规定了学段目标,没有对学期目标及大单元目标进行分解.因此,我们要借助不同版本教材的不同课时目标进行研究、比较、融合,另外还要基于课标内涵与学业质量要求进行分解.

与单节课时教学设计类似,单元教学设计的一般步骤为:首先解读课标单元内容要求,其次确立单元学习目标,再次梳理核心知识结构,最后确定教学策略.大单元设计的过程,既要经历单元颗粒化的解构,也要经历颗粒单元化的重构(图4.19).

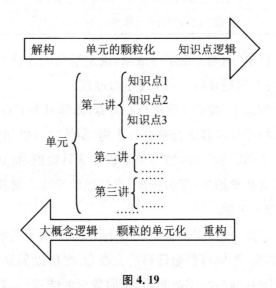

图 4.19

基于大单元设计的六要素,可以形成如表 4.6 所示的大单元设计的框架.

表 4.6　大单元设计框架

名称	内涵
单元名称	基于教材与核心素养导向的单元重构名称
单元学情	学生认知水平、认知结构、学习能力等
单元内容	大概念、大任务贯穿单元始终,包括课标内容要求
单元目标	学什么?学到什么程度?怎么学?是否可评、可测?
单元评价	围绕单元目标设计评估任务:主题、形式、过程等
单元实施	单元结构与流程、课时分配、课时目标、教学资源等

（三）大单元中概念之间的结构关系

大单元一般涉及大概念、重要概念与一般概念三种层级的概念(表 4.7).
威金斯和麦克泰格把大概念比作"车辖". 有了"车辖", 车轮等零部件才能组合起来, 否则只能散落一地, 毫无用处[①].

表 4.7 大概念、重要概念与一般概念

名称	特征	举例
大概念	反映学科本质, 凝聚着本学科的核心思想, 是学科的支柱与联结学科的纽带	函数的概念 三角函数的概念
重要概念	是学科框架上的重要节点	方程的概念
一般概念	是学科组成的基本成分	函数的单调性

大概念、重要概念、一般概念的划分并没有绝对性, 要依据单元的组织形式或任务的构成要素确定. 如三角函数作为函数的一个分支, 在以"函数"为模块组织大任务的情况下, "函数"是大概念, 而"三角函数"就是一个下位概念, 归于函数大概念中的一个重要概念(结构如图 4.20 所示). 如果以三角函数为主线组织大任务, 那么"三角函数"就是一个大概念, 而"正弦函数"则是一个重要概念. 这样的概念分类是具有一定难度的, 且往往不可能是绝对的. 这样的分类还需要顾及数学教学内容自身的逻辑性, 比如不能把大概念与重要概念截然区分. 但无论如何, 在教学设计中应当针对单元的内容结构, 以大概念为主线统筹单元学习.

制作概念图, 是大单元备课策略的有效手段. 依据奥苏贝尔意义学习理论为基础的概念图, 包括节点、连线、层级和文字符号 4 个基本要素, 形成概念层级分明的网状结构. 概括性最强的概念, 处于图的最上层, 从属概念放在下层, 而具体的概念、具体的事例列于图的最下层.

概念图的意义在于为主要的概念主题或专题提供一种"学习路线", 是思维的可视化表征, 是对概念的结构化呈现, 有助于增强对大观念的整体把握.

---

① 格兰特·威金斯, 杰伊·麦克泰格. 追求理解的教学设计[M]. 闫寒冰, 译. 上海:华东师范大学出版社, 2017.

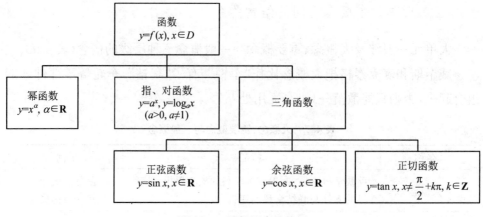

图 4.20 函数概念结构图

（四）大单元横向联系概念图

大单元有利于学生掌握学科思想、学科的思维方法,建立起学科的整体认知,培养系统思维.以大单元为主线可以让知识更加系统化,有利于解决知识碎片化、离散化以及学习者"只见树木不见森林"的问题.基于大单元的备课策略,以模块组织重构教学内容,能够实现知识的横向联系.

例如,高中数学可以通过三角函数的研究方法与概念体系,凝练出"基于单位圆研究三角函数"的主题.初中数学将统计知识与生活情境相结合,设置"统计一周内家庭的用水量(或用电量或运动时间),提出家庭节约用水(或节约用电或运动锻炼)的方案"的大任务,并以大单元的形式结构化.

以解三角形为例,学习链条是完整具有平行特征的结构,学习内容不再分散在不同的学习单元中.

若以"三角形的形态"为出发点,可以形成如图 4.21 所示的学习链,一般描述的概念是并列或平行关系.

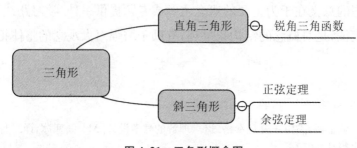

图 4.21 三角形概念图

（五）大单元纵向联系概念图

基于大单元的教学策略，以主题化教学组织教学内容，是实现知识的纵向联系与深度学习以及核心素养引领下的课堂教学革新的有效途径.

若以"角"这一主题为出发点，其学习链以纵向深化的方式前后衔接，一般描述的概念是上下位关系或彼此的从属关系（有时含有并列关系），学习链上的每个环节都是相对独立，但同时又具有前后的关联性. 这样就将中职数学基础模块与拓展模块中的三角函数统合在一起，形成了一个连贯的学习单元（图 4.22）.

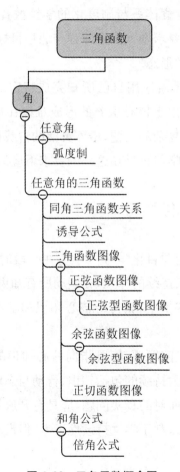

图 4.22　三角函数概念图

第四节　基于项目化学习的备课策略

新课标强调,基于核心素养发展要求,通过遴选重要概念的主题内容和基础知识,设计课程内容,增强内容与育人目标的联系,设立跨学科主题学习活动,加强学科间相互关联,带动课程综合化实施,强化实践性要求.换句话说,核心素养的落地与获得,需要具有社会性真实情境的学习实践.

要在现有结构化的课程体系与制度化的学校教育系统中培育学习者的核心素养,一方面要将素养要求融入国家课程与课程目标,变革教学评价手段,另一方面要创新课程与教学形态.

素养有两个基本要素[①]:应用自己所知完成特定的任务或解决问题;有能力在不同的情境间迁移.由于核心素养的形成难以在单科教学中实现,要形成情境间的迁移能力,解决复杂的问题,培养灵活的自我调控力,跨学科的学习与实践就必不可少,项目化学习正是在这样的要求下应运而生.

一、什么是项目化学习

国内有学者这样界定项目化学习[②]:学生在一段时间内对学科或跨学科有关的驱动性问题进行深入持续的探索,在调动所有知识、能力、品质等创造性地解决新问题形成的公开成果中,获得对核心知识和学习历程的深刻理解,能够在新情境中进行迁移.

项目化学习基于真实问题驱动,既指向核心知识的再构建,产生学习新成果,又能将学习素养转化为持续的包括知识、行动与态度在内的学习实践.

一般地,项目化学习面对的真实问题,应具有开放性特点,也即项目化学习的问题虽然指向深度学习,利于学生持续性思考,但没有确定的标准答案.

---

① Chisholm L. Bridges for Recognition Cheat Sheet: Proceedings for the SALTO Bridges for Recognition: Promoting Recognition of Youth Work across Europe[R]. SALTO-Youth Inclusion Resource Center, 2005(3).

② 夏雪梅.项目化学习设计[M].北京:教育科学出版社,2018.

项目化学习主要有学科项目化学习与跨学科项目化学习两种形式.其中,学科项目化学习主要是以学科内的关键概念与关键能力为载体,指向学科的本质,可能在此过程中会涉及其他学科,以其他学科知识为支撑.从核心知识的提出,到挑战性问题的解决,以及最后成果和评价方案的呈现,都是学科的关键问题,体现对学科的本质性理解.跨学科项目化学习是以不同学科的关键概念或关键能力为载体,指向真实世界的真实问题,并产生新意义、新知识,形成可以迁移的新概念与新成果.它通常需要整合不同学科的知识和能力,共同指向真实情境中的问题解决,体现对不同学科领域知识的整体理解.

由于学科项目化学习与跨学科项目化学习具有许多共性,本节不对上述两种形式做严格意义上的区分,将其统称为项目化学习并就其备课策略展开讨论.

二、项目化学习的意义

项目化学习,需要在活动、方法、评价等多方面创新,因此其意义至少体现在如下三个方面.

从活动方面看,通过适当的实践活动完成教学内容,从关注探究转变为关注探究与实践.探究是要解决"是什么"和"为什么"的问题,而实践是要解决生产、生活中需要解决的实际问题.在重视探究的同时,也要重视实践.也就是说项目化学习注重学以致用,利于自我成长.

从方法方面看,在情境创设上,从关注作为导入环节的情境设计到关注作为问题解决型学习任务的真实情境的转变.大家对于情境教学都不陌生,但传统的情境要么是为了导入而导入,要么是教材为了讲解一个知识点而创设的,都是零碎、不成体系的.基于真实情境的项目式学习旨在完成跨学科学习的挑战,通过问题导向,促进学生学习能力的提升.

从评价方面看,从关注评价的促进学习功能,转变为关注评价的育人功能.按照课程核心素养的要求,逆向设计,评价先行,更加关注学生主动参与、协作精神等方面的评价,通过评价去育人,利于核心素养的发展.

三、项目化学习设计的要素与步骤

基于项目化学习的备课策略,需要聚焦六个要素进行教学设计(表 4.8).

表 4.8 项目化学习备课六要素

维度	内涵
核心知识	体现学科本质的关键概念
驱动性问题	具有真实情境、能引发学生深度学习的开放性问题
认知策略	创造性地解决问题的思想方法
学习实践	探究问题解决,开展深入而持久的深度学习
项目成果	确立项目化学习可观测的预期目标
学习评价	过程性评价与增值性评价相结合

围绕上面六个要素,项目化学习备课的基本步骤如下:

(1) 确定核心知识. 根据课标学业质量要求,以学习目标与素养为导向,确定指向数学学科本质关键概念与能力的核心知识,以此确定项目化学习的重点.

(2) 形成驱动性问题. 对应学习目标与核心知识,选择符合数学核心素养要求、具有探究价值、来自现实世界中真实情境的学习素材,形成驱动性问题.

(3) 选择认知策略. 根据项目化学习真实情境、真实方法的特点,引导学习者选择能创建新意义、新知识的数学抽象、逻辑推理、数学建模等认知策略.

(4) 规划实践活动. 如图 4.23 所示,组织开展发现问题、解决问题、迁移应用的探究性实践与社会性实践活动,以确保项目化学习的开展与实施.

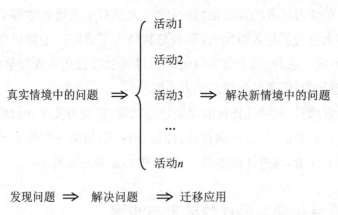

图 4.23

(5) 明晰学习成果形式. 项目化学习最终要形成相应的问题解决方案与学

习成果,备课过程中,要明晰成果的基本标准以及用什么方式进行成果的提交.

(6) 设计评价方式. 给出对项目化学习过程与成果可实施的评价方案,包括评价主体、内容与标准.

上述步骤要根据项目内容灵活实施,下面通过一个具体的案例给予呈现.

案例 6[①]:"统计"项目化学习的作者,经历前期知识储备、选题、开题、项目实施、成果展示五个环节,其中包括量规设计和任务树.

1. 选题依据

人民教育出版社出版的《数学》教材中"统计"的内容分布在七年级(下册)第十章"数据的收集、整理与描述"和八年级(下册)第二十章"数据的分析",章节内容较为分散,但两章的内容有很强的连贯性,故对"统计"进行大单元项目化教学有利于学生形成对统计知识的系统认知.

2. 学习方法

大单元项目化学习以任务驱动解决与学生息息相关的问题或任务,感受统计在生活中的应用,养成用数据说话的习惯,经历项目实施过程,了解问题的研究过程与方法,自发探究相关知识,发展核心素养.

3. 单元目标

(1) 开展收集、整理、描述和分析数据的活动,了解数据处理的过程,了解全面调查和抽样调查两种数据收集的方式,会设计简单的调查问卷.

(2) 会根据问题需要选择合适的统计图表,直观、有效地描述数据,进一步体会统计图在数据描述中的作用.

(3) 能选择适当的统计图表来表示数据的集中趋势和离散程度.

(4) 会用样本平均数和方差估计总体平均数、方差,进一步感受样本的必要性,体会通过样本估计总体的思想.

(5) 从事收集、整理、描述和分析数据得出结论的统计活动,经历数据处理的基本过程,体验统计与生活的联系,感受统计在生活和生产中的作用,养成用数据说话的习惯和实事求是的科学态度.

4. 评估方式

分别从过程性评估、成果性评估、知识性评估三个方面展开(表 4.9).

---

① 苏嘉欣. 数学核心素养的"统计"项目式学习案例[J]. 新课程教学,2021(10):1-3.

表 4.9 评价量规

评价要素	A（优秀）	B（合格）	C（待改进）	自评	他评	师评
收集数据	能准确合理设置调查问卷或通过权威渠道收集数据，保证数据的来源公正、客观、准确、有代表性	能合理设置调查问卷或通过相关渠道收集数据，保证数据的来源公正、客观、准确、有代表性	能设置调查问卷或通过渠道收集数据，数据的来源不够公正、不够客观、不够准确、不具有代表性			
整理数据	能选择恰当的统计图表，直观有效地整理和描述数据	能选择合适的统计图表，直观地整理和描述数据	能选择统计图表，整理和描述数据			
分析数据	能根据有效的数据信息很好地分析数据，得到较好的问题解决方案	能根据数据信息分析数据，并尝试给出问题解决方案	能尝试分析数据信息			

5. 项目实施

（1）前期知识储备

通过教材文本、活动材料、扩展阅读、视频材料、网络资源等学习储备"统计"所需要的相关知识.

（2）选题

依托学校"未来小镇"的概念，解决小镇内真实问题. 项目采用小组合作的方式进行，分重点项目与自选项目两种形式.

① 重点项目:教师牵头的小镇金融研究课题群. 教师给出小镇金融体系需要解决的三个问题，学生通过提供的问题研究方案竞标，教师选择 2～3 组可行性最强的方案纳入重点课题群作为子课题，并给予相应的校园货币支持.

② 自选项目:不限制学生思维发展，除重点项目外，可自选项目，但必须以解决小镇问题为前提条件.

（3）开题答辩

小组讨论，给出竞标方案与可行性分析，进行开题答辩.

（4）项目实施

通过确立核心任务、拆分任务并分工、分阶段完成任务、整合分析、总结反思与展望五个步骤,对项目进行研究,并形成完整的问题解决方案.

教师为学生提供资源支持,搭建学习脚手架.

① 时间管理工具.

② 任务管理工具:几种统计图的对比;统计量的对比;单元思维导图;过程性评价量规(表 4.9).

(5) 成果展示

项目汇报、展示、评出优秀成果.

(6) 设计任务树(略)

(7) 总结反思(略)

"统计与概率"的内容与日常生活紧密联系,具有很强的情境性与实践性,适合于项目化学习.

当前国际流行、国内逐渐兴起的 STEAM 是项目学习的一种形式,但 STEAM 并非等同于项目化学习.以 STEAM 课程为核心的课堂教学,具有跨学科特点,关注的是"活动经验"与"思想方法",而不是某个"知识点",其集整体性、情境性、协作性、体验性、实践性于一身,通过问题驱动,在实际情境中发现问题、解决问题、迁移应用,以培养学生的实践能力、适应能力以及创新能力.因此,基于项目学习的备课策略可以应用到 STEAM 课堂教学当中.

第五节　基于"双减"的备课策略

2021 年 7 月,国家颁布"双减"政策,要求减轻义务教育阶段学生的学校课业负担,同时减轻校外培训负担.2022 年发布的新课标指出,要坚持以问题为导向,进一步精选对学生终身发展有价值的课程内容,优化课程设置."双减"的着眼点是减负增质,"双减"的基础是教孩子们学会自察、自省与自动的学习,提高学习成效.

特别需要强调的是,"双减"不是简单地做减法.相反,我们要依据新课标学业质量要求,应教尽教,辩证地做减法,有效地做减法,减量增质.

"课程应注重生态、跨文化、跨学科,以助力学生获取和创造知识,同时培养批判和应用知识的能力."[①]从课程生态的视角看"双减",就是要让课堂走出大量重复的机械训练,释放学习者压力,改变无效学习,通过提质增效实现"双减",重构课堂生态.

如果一个情境活动达成多条教学目标,少数几个情境就可以涵盖全部单元教学目标,自然可以达成减负增效.可见,"双减"的实现,有赖于科学的备课策略,通过巧妙地安排学习任务,打造高质高效、优质优效的课堂.巧妙安排学习任务是建立在"巧妙"的练习之上:练习次数适当,节奏适宜;练习任务的设置与学习内容相契合;学生的练习能力得到培养,并能使用合适的学习策略;教师在学生练习时给予有针对性的帮助.

"双减"课堂是有效教学的课堂,那么什么样的教学是有效教学呢?虽然这个问题我们在前面的章节有过论述,但在"双减"背景下,我们有必要再次回顾有效教学的内涵,以便更好地指导教学设计.

有效教学是指教师遵循教学活动的客观规律,以尽可能少的时间、精力和物力投入,取得尽可能多的教学效果,实现课程规划对应的学习目标,满足社会和个人的教育价值需求.具体可从以下三个方面理解:① 有效果,指教学活动结果与预期教学目标的吻合程度;② 有效率,教学效率=有效教学时间/实际教学时间×100%;③ 有效益,指教学活动的收益、教学活动价值的实现.

事实上,备课过程中遵循"学教评一致性"黄金法则,做到"学教评"两两匹配,实现"学教评一致性",就能避免无效的、机械的、重复的练习与刷题.因此,始终遵循"学教评一致性"的备课黄金法则,是实现有效教学的重要策略,也是实现"双减"的前提条件.

"双减"的理论基础是意义学习理论与发展性教学理论、有效知识理论以及"学教评一致性"理论.因此,要基于"双减"做教学设计,有必要先了解"双减"的理论基础,然后通过备课促进有意义学习、发展性学习以及有效学习的发生.

一、提供有逻辑关联的材料,促进有意义学习

从学生学习的角度看,有效教学即意味着学生的有效学习.站在教育心理

---

① 联合国教育、科学及文化组织.一起重新构想我们的未来:为教育打造新的社会契约[R].北京:教育科学出版社,2022.

学视角,有效学习即有意义学习,因此,有意义学习理论是有效教学的一大理论基础.在教育心理学中,有意义学习与机械学习相对应.奥苏伯尔认为,有意义学习与机械学习两者在心理机制和条件上有本质的不同.

机械学习的心理机制是联想,其产生的条件是刺激与反应接近、重复和强化等.有意义学习的心理机制是同化,新旧知识相互联系、相互作用的过程也即同化的过程.

因此,基于有意义学习理论的备课,首先,要做好学情分析,根据学习者认知结构中可以用来同化新知识的原有观念,包括原有的概念、命题、表象和已经有意义的符号,使得新旧知识建立起实质性的联系.一方面要为学习者提供有逻辑意义的学习材料;另一方面,要通过合理设计学习任务,激发学习者本人有意义学习的主观愿望与内部动机.

案例 7:为了学习圆的周长,在课前精选并推送有关"π"所经历的四个发展阶段以及"π"值计算的意义等相关资料(表 4.10).

表 4.10

时间	发展特点
第一阶段	古巴比伦实验法阶段
第二阶段	刘徽割圆术几何法阶段
第三阶段	亚伯拉罕分析法阶段
第四阶段	现代计算机阶段

【点评】 新课标明确指出,数学课程的内容选择要关注数学学科发展前沿与数学文化,关注数学的形成与发展过程,也即要关注数学从哪里来,怎样发展以及到哪里去的问题.上述资料与"圆的周长"主题学习之间具有积极关联的逻辑意义,"π"的发展历程,基于实际问题解决,具有现实意义.而"π"值的计算,反映了人类的理性追求与科学的探索精神,展示了"化圆为方""化曲为直"与"极限"思想方法的价值与魅力,为学生提供了有学科价值的学习材料,有利于激发学生的兴趣,促进有意义学习.

二、利用最近发展区,促进发展性学习

根据发展性教学理论,有效教学是指能够促进学生发展的教学,即发展性

教学.学生发展是教育教学的宗旨、目的和归宿,是检验教学有效性的最高标准,因此,发展性教学理论是有效教学的一大理论基础,其实质是促进学生的发展性学习.

什么样的教学最能促进学生的发展? 教学怎样促进学生的发展? 在教育史上,对这些问题进行比较系统理论研究和实验研究的是原苏联心理学家维果茨基.

维果茨基的"最近发展区"理论认为,"教学应当走在发展的前面". 维果茨基在对儿童的智力发展进行实验研究的过程中发现,通常儿童具有两种水平的发展(图4.24):一种是儿童现有的发展水平,它表现为儿童现在就能够独立完成教师或成人所提出的智力任务. 另一种是"最近发展区",指那些尚处于形成状态的发展水平,具体表现为:在集体活动中,儿童还不能独立地解决智力任务,但在教师的启发和帮助下,通过模仿并经过一番努力,最终能够解决某些智力任务.

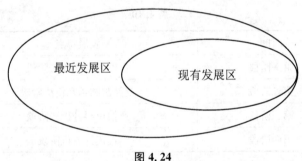

图 4.24

维果茨基强调,教学与其说是依靠已经成熟了的机能,不如说是依靠那些正在成熟中的机能,才能推动发展前进. 根据维果茨基关于教学与发展问题的思想,只有当教学走在发展前面的时候,才是好的教学.

因此,基于教学发展理论的备课,要创设最近发展区,设计学习活动与评估任务,促进学生获得潜在发展. "教育不应当以儿童发展的昨天,而应当以儿童发展的明天作为方向". 这是对发展性学习最好的理解与支持.

案例8:在学习"圆的周长"这一主题时,创设一个基于童话色彩的"新龟兔赛跑"情境. 乌龟沿着长为50米、宽为30米的长方形场地上跑,兔子在直径为40米的圆周上跑. 试问,乌龟与兔子,哪一个的路程更长?

【点评】 "龟兔赛跑"几乎是人尽皆知的童话故事,上述情境的创设,是在学生学习了矩形周长后,进一步学习圆的周长这一课题展开,利用"最近发展区"原理,创新教学情境,引出"新龟兔赛跑"的路程比较问题,即为矩形周长与圆的周长比较问题,这个备课铺垫自然合理,又能激发学习兴趣,有利于促进发展学习.

三、通过知识构建,促进有效学习

知识是思维的产物、智慧的结晶,知识在内容上包含着深刻的思维和丰富的智慧,新课标强调人与知识的存在关系以及意义关系,即知识对于人的意义.传递知识显得越来越不重要,重要的是通过传递知识培养人.

有效学习理论注重知识形成与构建,从关注技能到关注数学意义的理解,关注高质量学习.

因此,基于有效学习理论的备课策略,一方面要认识到课堂教学绝不意味着仅仅展现教材上现成的结论;另一方面应注重揭示隐含在其中的精彩又独特的思维过程,并引导学生的思维深入知识的发现或再发现的过程中去.唯其如此,学生才能真正有效地理解和掌握知识,并把教材上的智慧转化为自己的智慧,这样的知识教学也就具备了发展的功能.

要有效实现"双减",需要通过逻辑推理建构出数学的关系、结构与规律,用一类方法解决一般性问题,而不是通过大量重复的解题训练实现学习目标的达成.也即是要通过知识的主动建构,促进有效学习,才能实现提质增效.

案例 9:乘方的意义与运算.

已知

$$a+a=2a,$$
$$a+a+a=3a,$$
$$\cdots\cdots$$

推广

$$\underbrace{a+a+\cdots+a}_{n\uparrow a}=na$$

$$\underbrace{a+a+\cdots+a}_{a\uparrow a}=aa=a^2$$

进一步

$$\overbrace{a^2+a^2+\cdots+a^2}^{a\uparrow a^2}=aa^2=aaa=a^3$$

……

推广

$$\overbrace{a^{n-1}+a^{n-1}+\cdots+a^{n-1}}^{a\uparrow a^{n-1}}=aa^{n-1}=\overbrace{aaa\cdots a}^{n\uparrow a}=a^n$$

【点评】 从数学加法事实与加法运算规则出发,用逻辑推理与数学抽象,获得乘方的意义,合理解释 a^2 与 a 个 a 相加的运算结果具有相等关系,也即乘方与加法的一致性逻辑关系,体现逻辑推理与数学建模的课程素养目标,有利于促进有效学习的发生.

四、通过设计有质量的作业,促进高效学习

作业设计是"双减"背景下备课策略的重头戏之一,应该遵循一定的原则.

(一)目的性与针对性相结合的原则

作业与练习的意义是促进学习目标的达成,要体现出目的性与针对性.大量机械的、重复的作业与练习,只会挤占学生的时间与精力,疲于应付,不利于学习目标的达成.因此,作业设计要根据教学内容要求与学生心理特点,抓重点、提质量,对于学生的薄弱点与痛点设计相应的专项作业,摒弃无效作业.

(二)层次性与整体性相结合的原则

根据学生认知规律,循序渐进,设计具有层次性的作业,体现出一定的坡度,从基础性作业到提高性作业,环环相扣,步步为营.此外,还要从学科学习目标的整体性出发,将作业设计呈现出具有层次性与整体性相结合的结构化特点.

(三)差异性与多样性相结合的原则

新课标明确指出,教学过程中要因材施教,尊重学生的个体差异.因此,作业设计不能一刀切,要体现出不同认知水平的学习需求,设计出具有个体性又能满足多样性需求的作业.量适度,质适切.让学生学有所得,得有所长;让学生

"吃得饱、吃得好""不饿着,也不撑着".

第六节　基于课程思政的备课策略

课程思政是"立德树人"的重要路径."德"之要义不应片面地理解为"公德"与"私德",而应是蕴含于自然发展规律以及人类社会发展规律的科学态度与精神追求之"大德".因此,学科教学要把握好"知"与"德"的辩证关系,充分挖掘学科育人价值,将"课程思政"视为基于核心素养视域下备课新思维的一个重要组成部分,才能使得学科教学的内涵更加丰富,学科教学的过程更加富有生动性与深刻性.

一、课程思政的内涵

课程思政是发掘课程所蕴含的思想政治教育元素,将课程的育人功能融入课堂教学环节中,以期实现学习知识、培养能力、塑造价值观的有机统一.

课程思政的难点在于如何将专业知识与思想政治教育相互融合.专业知识教学侧重"求真",思想政治教育则表现为对"真善美"的追求.

数学学科在学与教的过程中,如果只是注重公理、公式、原理、法则的运用,容易掩盖知识本身所蕴含的价值追求、理性精神以及作为人类生存的意义、信仰等人文关怀.

课程思政过程中,要遵循适用性、合理性以及有效性原则,以学生的发展为中心,构建大教育观念,以时代对公民的要求、辩证唯物主义观、数学学科本质与历史文化、学科发展背景与成就趋势等作为切入点,辅以适合青少年身心发展规律的策略,将思政元素融入数学课堂教学中.如果不知道数学历史上所建立和发展的概念、方法与结果,我们就不可能理解数学的目标,也不可能理解它的成就.数学史以及数学发展过程中形成的数学文化蕴含着学科育人的资源.其中,数学文化是指数学的思想、精神、语言、方法、观点以及它们的形成与发展,此外还包括数学在人类生活、科学技术、社会发展中的贡献和意义以及与数学相关的人文活动.

基于课程思政的备课策略,就是要在教学设计中融入数学独特的科学价值、广泛的应用价值、多维的文化价值以及丰富的审美价值.

二、课程思政的策略

课程思政的基本原则,可以家国情怀为主线,将价值塑造、知识学习和能力培养紧密融合.有机地融入公民意识与责任担当、精益求精的工匠精神、遵纪守法的契约精神和职业规范等内容,并且确保这些内容要体现思想性、前沿性和时代性.在遵循上述原则的基础上,通过趣味性策略、关联性策略以及拓展性策略融入思政元素.

(一)趣味性策略

课程思政从形式上要自然、生动、有趣,避免枯燥乏味与刻板的机械植入.

如,平面图形密铺融入几何图形的特征及运动变化规律,可以帮助学生构建几何直观,在有趣的实践活动中,培养学生的审美意识,提高审美能力;在"做中学"领悟数学的思想方法及其应用,理解数学的应用价值.

又如,将2022年冬奥会自由式滑雪空中转体镜头引入角的概念,引导学生观赏奥运冠军高空产生旋转角的同时,感悟凡事唯有日复一日的坚持、刻苦努力与付出,走出舒适区,才能有所收获.

(二)关联性策略

课程思政从内容上要与学科知识学习具有关联性,避免无意义的植入.

如,航空航天仪器设备的精密要求可以融入数学运算,引导学生对我国航空航天事业的成就深入了解,感悟精益求精的工匠精神与数学运算严谨要求的一致性.

又如,将区域经济发展数据融入函数概念中,引发学生对地域产业分布与自我职业规划的思考.

再如,植树造林数列求和过程中,可以联系我国面向全世界做出的"碳中和""碳达峰"的庄严承诺,既折射出中国方案的担当、勇气与智慧,还能激发学生建立全球公民意识与环境保护意识.

（三）拓展性策略

课程思政从内涵上要利于学科学习思维的拓展与延伸,避免肤浅的植入.

如,疫情曲线变化趋势融入函数单调性,助力学生发现数学模型、探究数学特征的同时,建立起人类命运共同体的公民意识.

再如,复数的引入可以结合复数概念所经历的曲折过程,将数学家的想象力、创造力与不屈不挠以及精益求精的精神融入复数教学活动中.从古希腊学者丢番图时代人们对一元二次方程求解的困惑,到法国哲学家、数学家笛卡尔"虚数"概念的提出,再到大数学家欧拉使用符号"i"表示虚数,几百年来数学家们的执着与努力,才使得"虚数"被承认,"复数"的概念得以产生与发展.教学活动中,这样的情境创设,一方面,可以让学生感受数学文化与理性思维,另一方面,可以帮助学生理解复数的概念与意义.

三、课程思政教学设计元素

基于课程思政的教学设计,需要结合课题涵盖的学科知识点与内容要求,确立课程思政目标,挖掘课程思政元素,合理搭建课程思政载体,设置课程思政过程的时间分配等要素,以期在教学中实现课程思政的有效性.

源于社会生活与自然界中的一切真、善、美,都是思政元素.就数学而言,蕴含其中的数学观念与理性精神等都是真、善、美、变、新的体现,是数学课程可挖掘的思政元素,也是教学设计要素.

（一）数学之真

数学是研究数量关系与空间形式的科学,产生于人类生产劳动与社会实践中.数学的研究对象源于客观世界,是对客观世界的真实反映,体现的是数学之真.正如华罗庚所说:宇宙之大,粒子之微,火箭之速,化工之巧,地球之变,生物之谜,日用之繁,无处不用数学.

（二）数学之善

数学的计算或推理,从过程看追求的是通俗易懂、简捷有效,从结果看追求的是精准无误,从语言看追求的是清晰明了,从逻辑看追求的是规则先行.若有预设,必有逻辑论证与可靠结论,首尾呼应,善始善终,体现的是数学思维品质之善,从无到有,从有到优.

（三）数学之美

数学的研究方法,具有简约美、形式美、表达美,是对立与统一、有限与无限的唯美呈现,体现的是数学之美.比如,从田间测量到平面几何问世,从同角三角函数的平方关系到黄金分割,都是数学化归思想与统一思想的沉淀之美.

（四）数学之变

数学的演绎过程,是不断变化推进的过程.如数系的扩充,直线与圆的位置关系,图形的平移与旋转变换,圆锥曲线的形态随离心率的变化而不同,体现的是数学之变.从量变到质变,从感性到理性,从形象到抽象,数学因变而充满生机与活力.

（五）数学之新

数学的探索过程,是步步为营,推陈出新的过程.从算术到代数,从实数到复数,从二维平面到三维空间,从欧式几何到非欧几何,无不体现出数学的更新迭代与认知升级.

四、课程思政设计元素的挖掘路径

基于课程思政与学科核心素养培养视域的数学教学设计,要创设学生具有"内心触动"的数学活动,并在这种活动中体现思维延伸的"获得感".为此,课程思政元素的挖掘路径,可以从以下几个方面着手.

（一）课程内部

从课程产生的历史背景、发展趋势以及课程的内容或体系结构进行挖掘,如数系的产生、几何的萌芽,都蕴含着极富魅力的思政元素.

（二）跨科融合

数学课程不是孤岛,数学是人类文明的结晶,无论是与自然科学还是与社会科学都存在着普遍的内在联系.如数学与诗词、音乐、建筑学、航天航空学、天文学、生物学等都关系密切,有着丰富的思政素材.

(三) 时事热点

时事热点往往是思政元素的鲜活素材,可以助力学习者拓宽视野,科学、理性地分析事物的发展变化,思考时代赋予的责任与担当.

下面以"等比数列"与"函数的奇偶性"为例,呈现课程思政的设计思路.

案例 10:等比数列(表 4.11).

表 4.11 等比数列的课程思政教学设计表

课题	等比数列
核心知识	等比数列的概念
内容要求	能用具体的例子抽象出等比数列的概念,建立等比数列模型
思政目标	感悟中国优秀传统文化,理解古人有限与无限的哲学智慧
思政元素	文化自信与情感认同以及深刻认识事物的良好品质
思政载体	庄子关于"一尺之棰,日取其半,万世不竭"的诗句
思政策略	动画故事情境导入,时长 50 秒
学科本质	等比数列 $1, \frac{1}{2}, \frac{1}{4}, \frac{1}{8}, \cdots$

【点评】 优质课堂应当有助于促进学生的认知学习,同时也能促进学生的情感发展和社会性学习.本课例通过 2000 多年前庄子的诗句引入等比数列的概念,是对古人哲学智慧的致敬,也是创设真实情境进行数学抽象获得一类数学模型的数学眼光、数学思维以及数学语言的过程,还是结合课题特点感悟中国优秀传统文化的跨科融合.不到 1 分钟的动画故事再现,小切口引入重要的数学概念,高效、巧妙地融入思政元素,引发学生对有限与无限的哲学思辨,产生文化自信与民族情感认同.

案例 11:函数的奇偶性(表 4.12).

表 4.12 函数的奇偶性课程思政教学设计表

课题	函数的奇偶性
核心知识	函数的奇偶性概念
内容要求	能用具体的例子抽象出函数奇偶性的概念,建立奇偶函数模型

续表

课题	函数的奇偶性
思政目标	了解中国古建筑文化,理解中国建筑对称美学思想
思政元素	民族智慧与情感认同以及对美好事物的追求
思政载体	北京故宫建筑群
思政策略	微视频情境导入,时长2分钟
学科本质	由建筑的对称性追溯平面图像的对称性,抽象偶函数的概念

【点评】 通过北京故宫建筑群引入对称美学思想,思考对称性建筑源自图形图像的对称性设计.将建筑与数学有机结合在一起,体现数学对称美与广泛的应用性特点,自然融入思政元素,引导学生用数学视角欣赏客观世界,产生对人类文明与民族情感的认同.

第五章　新课标背景下的教学设计

教学设计是根据课程标准的要求和教学对象的特点,运用系统方法,将教学诸要素有序安排,确定合适的教学方案的设想和计划.一般包括教学目标、教学策略、教学评价等环节(图 5.1).

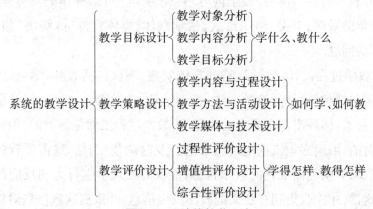

图 5.1　系统的教学设计

根据上述教学设计的分级指标,教学设计一般包括:前端分析(学习需求分析、学习内容分析、学习者分析、学习环境分析)、确定目标、制定策略、选择媒体或资源、实行方案、评价和修改等过程.其中,学习者分析、确定目标、制定策略、教学评价是构成教学设计过程中重要的元素,是解决"学什么、教什么"与"如何学、如何教"以及"学得怎样、教得怎样"的问题.

(1) 教学对象分析：分析学生的初始状态，学习的起点，学生对课题知识的理解能力，预测学习者可能的发展空间，也即通过这次课题的学习可以使学生在哪些方面得到提高，达到什么样的程度和水平.

(2) 教材分析：根据课时所承担的课程目标，分析学习者需要学习哪些知识和技能，哪些是应该知道的内容，哪些是应该理解的内容，哪些是事实性知识与概念性知识，哪些是程序性知识与元认知知识. 哪些知识应知应会，如何进行难易分层，如何开展新旧知识连接和实际应用等，解决"学什么"与"教什么"的问题.

(3) 设定教学目标：目标要实际具体，能落地、可观测、易评价，反映学习者通过学习以后达到所期望的行为改变，亦即体现出学生通过课堂学习后在什么条件下能做什么，做到什么水平、何种程度.

(4) 确定教学重点、难点，重点是指向知识、能力与思维品质的核心组成部分，难点是学习中具有挑战性的任务.

(5) 明确教学思路：明确目标导向、时间安排、顺序安排、教学方法、教学手段、预期教学效果等.

(6) 教学策略设计：在课堂教学中所采取的具体做法，是教师为达到教学目标，对各种教学方法和模式的选择，将抽象的"知识"转化为促进学生品质发展目标的"教学内容"，再将"教学内容"转化为学生可以操作的具体教学材料. 涉及教与学的顺序、节奏、组织形式、活动载体、媒体资源等，解决"如何教"与"如何学"的问题.

(7) 教学过程设计：教学策略的具体实施，不仅包括教师、学生、内容等实体要素，还包括教学目标、教学方法、教学活动、教学媒体、教学时间、课程计划等结构性要素，体现出各个要素的关联性. 教学过程虽然是预设的，但依然是流动的、即时的，因而必须依据现场情形进行及时调整. 当然，这需要教师有清晰的评价意识、有明确而细化的教学目标，能及时发现学生行为和反应的教学意义，只有这样，才能收集到有意义的教学反馈信息，并依据这些信息对教学做进一步的调整.

(8) 教学效果评价方案设计：通过各种测量手段，系统收集测量结果，对学习者通过教学产生的学习成效予以确定. 根据教学目标，确定评估任务、评价标准与评价方式，体现测量诊断、强化激励与调节反馈的功能，解决"学得怎样"与"教得怎样"的问题.

基于新课标对课堂改革的教学要求，结合加涅的教学九事件(表 5.1)、格兰特·威金斯与杰夫·麦克泰的理解六侧面(表 5.2)以及希尔伯特·迈尔的优质课堂教学六边形,本书主张教学设计可以从目标设计、过程设计、活动设计、任务设计和评价设计几个方面展开.

表 5.1 加涅教学九事件

序号	内容
1	引起注意,确保刺激被接受
2	告知学习目标,建立适当预期
3	提示学习者从长时记忆中提取先前习得的内容
4	以清晰和富有特色的方式呈现材料,确保选择性知觉
5	以适当的语义编码指导学习
6	引出行为表现,包括反应生成
7	提供关于行为表现的反馈
8	测量行为表现,包括额外的反应反馈机会
9	安排多种练习以促进将来的提取和迁移

作为教学设计大师的加涅,设想的教学步骤是:
(1) 以行为的方式叙述所界定的表现目标;
(2) 以学习阶层和任务分析为依据构想教学的进程;
(3) 筹划教学的实践,拟定教学活动,为特定学习结果准备学习的条件;
(4) 决定评价学生表现的标准、方法和工具.

因此,根据上述步骤,结合新课标要求,教学设计表现为目标叙写、评估任务、学情分析、活动组织与学习评价.

表 5.2 格兰特·威金斯与杰夫·麦克泰的理解六侧面

理解水平	具体表现
解释	恰当地使用理论、图形和符号等,有创造性地说明事件
阐明	归纳、阐释和评释,从而提取某种意义
应用	在陌生的、多样的、真实的情境中有效地运用知识
洞察	提出新颖的、批判性的、多角度的观点
共情	感受到别人的情感和世界观的能力
反思	了解自己的学习过程,主动调整学习方式,正确评价自己

从理解水平的六个维度看,具有层次性,可以说是"理解六层次",从解释到阐明,从阐明到应用,从应用到洞察,从洞察到共情,从共情到反思,层层递进,步步为营.好的教学设计,要有对"理解六层次"的体现,去扁平化,向纵深思维展开.

案例1:学校组织987名学生去公园游玩,如果公园的门票每张8元,8000元够不够?

在日常生活中,许多问题并不需要精确的答案.这个例子可以让学生了解在什么样的情境中需要估算.认识到能结合具体情境,选择适当的单位是估算的关键.在本例中,把987人看成1000人,8000元是够的,这里适当的单位是1000人.

这个现实生活中的估算学习任务,看似简单,却蕴含了上述"理解六层次",是"以问题为导向"的优质的教学设计素材.

评价一堂课是否为一节好课,有多个维度.这些维度应该包括:学习目标的合理性、学习任务的主体性、学习活动的有效性、学习过程的规范性以及学习评价的科学性.

本章从学习目标出发,随后是为学习目标达成而紧密相连的学习任务,紧接着是将学习任务活动化,然后是整个学习过程的安排以及学习评价的制定.

第一节 学习目标设计

新课标提出了数学学科各阶段的学业质量标准,为教师"教到什么程度"、学生"学到什么程度""学得怎么样"提供了评估标准,同时也为学习目标设计提供了参考依据.

第三章第七节我们讨论了有关目标叙写问题,主要聚焦在通过课标解读,将之转化为学习目标.本节则从目标设计的角度,通过澄清目标的类型,着眼于讨论目标设计的整体性、层次性以及一致性.

一、学习目标内涵及其三个维度

新一轮课程改革,无论是义务教育阶段,还是普通高中,抑或是中职教育,数学课程标准一致指出,数学课程的总目标是:通过数学学习,会用数学的眼光观察现实世界,会用数学的思维思考现实世界,会用数学的语言表达现实世界(简称"三会").

结合课程总体目标、教学内容与学业质量要求,学习目标主要表现为三个维度:学什么,学到什么程度,怎么学.

因此,学习目标的确立,应基于"三会"与"三维度"进行设计(表 5.3).

表 5.3 学习目标"三会"与"三维度"

学习目标"三会"	学习目标"三维度"
会用数学的眼光观察现实世界	学什么
会用数学的思维分析现实世界	学到什么程度
会用数学的语言表达现实世界	怎么学

二、学习目标的类型

(一) 以学习行为、问题解决及学习表现进行分类

新课标从宏观上给出了核心素养为宗旨的学习目标,但具体而言,学习目标既有行为目标,又有能力目标,还有价值目标.这些目标既蕴含在学习过程之中,又体现在学习体验与学习结果之上.

根据 Eisner《教育构想》中的观点,学习结果的陈述可以是行为性的,也可以是问题解决或是表现性的.相应地,学习目标可以分为行为目标(类型Ⅰ)、问题解决目标(类型Ⅱ)以及表现性目标(类型Ⅲ)[1](表 5.4).

行为目标,关注学习者明确将要解决的问题,还知道答案的呈现方式.如提供一组数据,学生能够达到以 95% 的精确度计算其平均值.

---

[1] Eisner. The Education Imagination[M]. New York:Macmillan,1979.

问题解决目标,关注学习者是否解决了提出的问题,而不是"正确答案". 如为一个收入 2 万元的三口之家,提供一个包括住房、教育、饮食、服装、休闲、自动付费的消费计划这个目标,答案不是唯一的,但都应该基于情境化而产生.

表现性目标,关注学习者获得的学习经验,尤其适用于项目课程或基于实践经验的课程. 表现性目标融入学习过程中,属于过程性目标.

可以发现,新课标、三维目标与三型目标中的行为目标、问题解决目标以及表现性目标具有一定的对应关系. 这种对比的意义在于,基于新课标的知识目标设计要参照学习行为的可测性,同时将能力目标与问题解决关联,将价值观念与学习者的过程表现相对应.

表 5.4　Eisner 三型目标与三维目标、新课标的对比

序号	三型目标	目标特征	三维目标	新课标
I	行为目标	外显、可测	知识与技能	关键能力
II	问题解决目标	多元、可测	过程与方法	必备品格
III	表现性目标	内隐、不易测	情感态度与价值观	价值观念

从上表可以看出,新课标与 Eisner 的三型目标更契合,是在三维目标的基础上实现了一种迭代性超越. 就三维目标而言,"知识与技能""过程与方法"对应的分别是事实性知识、程序性知识,难以应用与迁移到复杂的、不确定的、结构不良的、真实情境中的问题解决中. 教学实践中,老师们容易将三维目标异化为三条目标,彼此之间相互隔离,这是核心素养视域下备课新思维所要摒弃的不合理设计.

新课标强调知识通达能力,能力通达素养,这是一种累积效应,具有层次性. 需要说明的是,核心素养导向的学习目标是基于学习需要与学业质量要求进行设置,追求目标划分或设置对学习者、内容或知识、社会三方需求的平衡,并不意味着平均分配,这就像一个营养平衡的食谱并不意味着从各个食物类型中选择同等数量的食物去食用.

(二)以布鲁姆认知—知识理论进行分类

布鲁姆对目标的分类,通过知识维度与认知维度构建,清晰明了,易于操作. 将学习目标、知识维度、认知过程维度用一张表就能呈现出来,找到对应点,方便观测. 如目标 1 是记忆学习任务中的事实性知识(例如识别椭圆与双曲线

的标准方程),目标 2 是理解程序性知识(例如理解直线与椭圆相交点"设而不求"解决弦长问题的思想方法),目标 3 是能够分析概念之间的关系(例如分析平面上两点间距离与弦长的关系、弦长与方程的关系等),目标 4 是能够实现自我调控与评价(形成学习者内部认知风格),目标 5 是创造性地解决问题(例如为一个三口之家制定一个健身方案),这样做的好处是,目标、任务、测评是否两两一致,表格数据能够清晰呈现.

需要说明的是,并非每一节课的学习目标都能在分类表(表 5.5)中填满.比如,一节简单的概念课,可能只有事实性知识与概念性知识,那么其目标设计就只有与之相对应的记忆类目标与理解类目标.

表 5.5 布鲁姆的目标分类

知识维度	认知过程维度					
	记忆	理解	应用	分析	评价	创造
事实性知识	目标 1					
概念性知识		目标 3	目标 5	目标 3		
程序性知识			目标 2			目标 5
元认知知识					目标 4	

三、学习目标的设计举例

事实上,无论是基于学习行为、问题解决及学习表现对学习目标进行分类,还是基于布鲁姆的教育目标分类,都不能机械地将学习目标割裂为几条目标或几段目标.备课过程中,要参照新课标的内容要求、学业要求与教学提示,有机结合学情与学习材料将核心素养要求融入学习目标的设计之中.学习目标设计应遵循"学教评一致性"原则,清晰具体,可评可测.

下面仍然以"直线与圆的位置关系"为例进行分析,通过义务教育阶段与高中阶段的目标设计,看目标的层次性与整体性.

案例 2:直线与圆的位置关系.

【说明】 直线与圆的位置关系,在初中与高中两个阶段都有涉及.高中学习该课题是建立在初中已有的认知基础上展开并逐渐深化,两个阶段的内容要求与学业要求各不相同,学习目标层次也不同,体现了数学核心素养的阶段性与发展性特点.

初中阶段,其内容要求与学业要求以及课本内容如下.

内容要求:了解直线与圆的位置关系,掌握切线的概念.

学业要求:了解圆的概念,知道图形的特征,在直观理解和掌握图形与几何基本事实的基础上,经历得到和验证数学结论的过程,感悟具有传递性的数学逻辑,形成几何直观和推理能力.

课本内容:通过一组地平线与太阳的位置关系引入直线与圆的位置关系,并给出圆的切线与切点的定义,然后通过"想一想""议一议"直线与圆的三种位置关系所对应的圆心到直线的距离与半径的关系.

故在初中学段,对于直线与圆的位置关系这个课题,基于上述内容要求、学业要求与教材内容,其学习目标可设计如下:

(1) 通过观察朝阳与海平面的位置关系,能够抽象出直线和圆的三种位置关系,获得几何直观,学会用数学的眼光观察世界;

(2) 用圆心到直线的距离与半径的大小关系描述直线与圆的位置关系,学会用数学的思维分析世界;

(3) 根据圆心到直线的距离判断直线与圆的位置关系,学会用数学的语言表达世界.

高中阶段,其内容要求、学业要求与教学提示如下.

内容要求:能根据给定直线、圆的方程,判断直线与圆的位置关系.

学业要求:运用代数的方法研究直线与圆的关系.

教学提示:用代数语言描述图形的几何特征.

故在高中学段,对于直线与圆的位置关系这个课题,基于上述内容要求、学业要求与教材内容,"直线与圆的位置关系"学习目标可设计如下:

(1) 根据给定直线方程与圆的方程,利用点到直线的距离公式计算圆心到直线的距离,培养数学运算素养;

(2) 根据圆心到直线的距离与半径大小关系,判断直线与圆的位置关系,培养逻辑推理素养;

(3) 根据直线与圆的位置关系,求给定切点坐标的切线方程或求直线与圆相交的弦长,培养数学运算与逻辑推理素养.

案例3:弧度制.

内容要求:了解弧度制,能进行弧度与角度的互化,体会引入弧度制的必要性.

学业要求:掌握一些三角函数的背景、概念和性质.重点提升数学抽象、数学运算、直观想象与逻辑推理素养.

教学提示:三角函数的教学,应发挥单位圆的作用,借单位圆直观探索学习.

基于上述课标要求,"弧度制"的学习目标可设计如下:

(1) 借助"长度""面积""体积""温度""质量"等度量单位的多样性,认识到许多事物的度量,包括"角",同样具有不同的度量单位;

(2) 通过回顾初中圆周角定理(同弧上的圆周角等于圆心角的一半),知道可以通过弧长表示角;

(3) 能借助单位圆用弧长度量角,引入弧度制,使得角的度量单位从六十进制转化为十进制,解决在角度制情况下角无法参与实数运算的问题;

(4) 能根据需要进行弧度制与角度制的转换,熟练写出特殊角的角度制与弧度制的两种表现形式.

【说明】 上述目标的确定,体现了核心素养要求,利用学习者圆周角定理的先知经验,通过单位圆这一载体,建立起弧度表示角的发展观,培养学生的直观想象、逻辑推理与数学运算素养.学习目标中既有记忆、理解与应用,又有创造性地解决问题,体现出低阶认知与高阶认知的层次性,构建认知金字塔(见图 5.2).

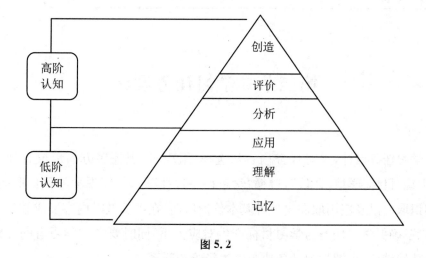

图 5.2

比如,目标 1 是一种事实性知识的理解;目标 3 是创建了"弧度制"的概念

(表 5.6).

同时,目标 1 是基于逻辑推理的类比,将长度单位迁移到角度单位;目标 4 中的弧度制与角度制互换,建立了两种度量单位的换算模型,通过互换形成一种运算方式(表 5.7).

表 5.6 "弧度制"学习目标分类

知识维度	认知过程维度					
	记忆	理解	应用	分析	评价	创造
事实性知识		目标 1				
概念性知识			目标 2			目标 3
程序性知识			目标 4			
元认知知识						

表 5.7 "弧度制"学习目标中核心素养表现

核心素养	认知过程维度					
	记忆	理解	应用	分析	评价	创造
直观想象			目标 2			
逻辑推理		目标 1				目标 3
数学运算			目标 4			
数学建模	目标 4					

第二节 学习任务设计

学习任务设计,要对任务内容从选择、组织、呈现等多方面形成合理的结构,围绕"目标、学情、评价",遵循"学教评一致性"原则,体现学习目标取向、学科知识取向以及应用取向这三种基本价值取向. 在组织教学内容形成教学任务时,除了确保学习任务与学习目标产生对应关系,同时要考虑学习者的知识结构与认知结构,也即学习任务要与学生经验相联系.

因此,学习任务设计主要围绕"创设情境,设置系列任务;解构旧概念,建构新概念；迁移运用概念；嵌入式评价系列设计；学后反思形成素养"展开.

一、学习任务与学习目标形成对应关系

学习任务的定位离不开学习目标，是落实学习目标的重要载体.学习任务设计应该呈现出与学习目标的对应关系，形成基于学习目标的结构化任务（表 5.8）.

表 5.8 学习任务设计的结构化

学习目标	学习任务	说明
子目标 1	子任务 w_1	
子目标 2	子任务 w_2	目标与任务之间的对应关系可以是一对一，一对多或多对一
……	……	
子目标 n	子任务 w_n	

学习中，让学生始终知道自己要完成什么样的学习任务，这是备课过程中学习任务设计的关键之一.学习任务，需要有效的算法完成，就像导航探路，需要有效的算法实现一样.

案例 4：集合的交运算.

表 5.9 集合的交运算学习任务示例

学习目标	学习任务
借助韦恩图解释交运算的本质	求数集的交集
正确书写交运算的符号与运算过程	求解集的交集
会用列举法或描述法表示交运算的结果	求点集的交集

表 5.9 是对"集合的交集"这一学习内容的结构化分析，围绕三个学习目标做任务设计.给定的三个学习任务既是以"交运算"为出发点，也是以"交运算"为终点，这是该课题的总体目标.为了这个目标的达成，将之拆分为三个子目标，并且三个子目标都渗透在学习任务中.换言之，每一个学习任务都要对三个子目标作出回应，确保"学教评一致性".

二、学习任务设计两因素

学习任务的落脚点是以学生为中心的学,而不是以教师为中心的教.因此,学习任务设计要综合考虑两个主要因素.

（一）学习主体

学习任务设计的过程中,要充分考查学情,基于学习者的认知水平、认知结构、认知风格以及认知规律确立学习任务.根据学业质量不同水平层级要求,针对不同的学习主体设计具有层次性与差异性的学习任务.

例如,对能熟练求解一元二次方程的学生与对一元二次方程求解尚有困难的学生,一元二次不等式任务设计水平应表现出差异性.对于前者,既可设计基于因式分解的一元二次不等式学习任务,也可设计基于函数方法,综合利用图形图像与数量关系,建立一元二次函数图像几何直观,体现通性通法的综合性学习任务.对于后者,则设计其熟悉或关联的情境中利用通性通法求解一元二次不等式的学习任务.

（二）任务创设策略

学习任务的形式要有多样性呈现,如真实情境下的生活经验引领的学习任务,或是综合实践活动中问题驱动下的学习任务,或是数学内部逻辑产生的学习任务.

因此,任务创设策略要根据任务性质而确定.需要强调的是,虽然通过真实情境或生活经验设计学习任务,对学习者而言更具有代入感与良好的学习体验,但由于并非所有的学习任务都是从生活化经验出发,很多时候,学习任务的产生,来自于数学内部的逻辑关系或知识发展需要.

关于真实情境或综合实践引领的学习任务设计策略,可以参见第四章前四节的相关内容.下面仅从来源于数学内部逻辑关系的学习任务,举例展示任务设计策略与任务呈现方式.

例如,对数换底公式的学习任务,不易寻找对应生活情境,那就从数学学科知识内部出发进行任务设计.

1. 任务设计策略：利用通分类比迁移，从通分导入对数换底公式的学习

因为通分与对数都具有数学运算的共性要求，需要聚焦于解决如何将不可计算问题转化为可计算问题，其本质都是垂直数学化的内部升级，通过思维的层层迭代与转换，体现"数学是思维的体操"这一经典论述，还体现数学概念内涵的一致性。

小学分数加减运算方法：相同分母可直接加减，不同分母先通分后加减．通过通分，化不同分母为相同分母，其本质意义是给出"分数加减运算或比较大小要在相同计数单位的前提条件下进行"的计算原理．类似地，不同底部的对数运算，需要化不同底为相同底．

2. 任务呈现方式：问题驱动，学习目标导向

学习任务设计，需充分考虑学习者认知水平的衔接性，以任务驱动，进行算法呈现：同分母分数相加减，分母不变，分子相加减．提出问题，回顾思考：分母不同时，如何解决分数相加问题？这种设计，旨在让学习者学会学习，而不是机械地识记．

异分母相加算法：$\dfrac{1}{2}+\dfrac{1}{3}=\dfrac{3}{6}+\dfrac{2}{6}=\dfrac{5}{6}$；

分数比较大小算法：因为 $\dfrac{1}{2}=\dfrac{3}{6}$，$\dfrac{1}{3}=\dfrac{2}{6}$，所以 $\dfrac{1}{2}<\dfrac{1}{3}$．

上述问题解决的关键是将两个分数转化为相同的计数单位 $\dfrac{1}{6}$．

由此，可以进一步提出问题：遇到不同底的对数如何进行加减运算，如何比较大小呢？新的问题是要完成"为何要换底？怎么换底？换底的启示？（换底与通分的区别与联系）"三个学习任务（表 5.10）．任务的完成过程，是数学内部垂直数学化过程（见第一章第三节数学化的两种类型：水平数学化与垂直数学化）．

通过任务设计，呈现一个逻辑主线：从加减乘除的数学基本运算，发展到幂运算、指数运算、对数运算、三角运算，都有其对应的运算法则．

在这种任务设计中，容易从小学阶段通分的思想方法，类比迁移，获得高中阶段的换底公式的意义：化不同底的对数为相同底的对数进行加减运算或数值的大小比较．

如对于 $\log_{\frac{1}{2}}3$ 与 $\log_2 3$，可通过换底进行大小比较：$\log_{\frac{1}{2}}3=-\log_2 3<\log_2 3$；也可以通过换底进行加法运算：$\log_{\frac{1}{2}}3+\log_2 3=-\log_2 3+\log_2 3=0$．

表 5.10　对数换底公式学习任务与通分运算一致性设计

分数	对数
分母相同直接做加减法或比较大小	底相同直接做加减法或比较大小
分母不同先通分再加减或比较大小	底不同先换底再加减或比较大小

通分运算与换底运算遵循的都是运算结构的一致性原理：从结构上表现一致，才能有效运算与比较．

关于如上涉及的知识结构或数学运算一致性的问题，我们还可以通过直线方程来加深理解．

一般地，如果已知直线的斜率 k 且直线经过点 $P(x_0, y_0)$，那么直线的点斜式方程为 $y-y_0=k(x-x_0)$．特殊地，如 $k=0$ 或 k 不存在，直线方程又该如何表示呢？

当 $k=0$ 时，由 $y-y_0=k(x-x_0)$ 得 $y-y_0=0$，即直线方程为：$y=y_0$．

当 k 不存在时，由 $k=\dfrac{y-y_0}{x-x_0}$ 可知，$x-x_0=0$，即直线方程为：$x=x_0$．

这样，无论是一般直线还是特殊直线，都能通过斜率这个核心知识点求得它们的方程．由直线方程的点斜式出发，分析斜率为零或不存在的直线方程，体现数学内部知识结构的一致性．

总之，上述关于对数换底公式与直线方程的学习任务设计，不仅体现了知识结构的内部一致性，还体现了数学抽象、数学运算与数学建模思想．

第三节　学习活动设计

数学家陈省身认为"数学好玩"，意指数学是有趣的，能够让人产生愉快的、积极的正向体验，那么这种体验来自何处呢？数学是一门严谨的学科，数学的"有趣"与"好玩"应该来自数学活动与数学活动的合理设计．

一、学习活动的意义

100 多年前，杜威在《民主主义与教育》一书中指出："一两经验胜过一吨理论",意指学习活动经验远胜于单纯的学习理论.事实上,在实践活动中的经验积累,比课堂上被动接受的理论更能发展学生的高阶思维.数学教学,是数学活动的教学,学生在各种学习活动中得以生成、拓展、提升、交流学习经验.学习活动基于问题展开,学生在问题解决中获得基础知识、基本技能与基本思想.因此,合理的问题结构是活动有效开展的必要条件.问题结构包括问题的形式以及问题之间的逻辑关系.

就数学学习活动而言,要充分体现数学基本思想,通过学习活动对数学知识和方法进行抽象和概括,使得学习者在数学知识的形成、发展和应用的过程中逐渐积累数学活动经验,感悟数学基本思想,形成有效的数学思维方法.而数学活动的开展,则应当将学术形态的数学知识转化为学生容易接受和理解的学习形态的数学知识.数学活动,不仅可以帮助学生积累学习活动经验,利于形成数学思维方法,也是实现"三会"的核心载体.

简言之,学习活动和学习任务共同支撑与促进学习目标达成,学习目标又决定着学习任务的设置方式与学习活动的组织形式(图 5.3).

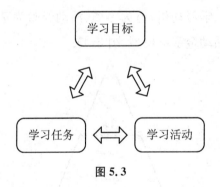

图 5.3

二、学习活动的现状

当前的课堂教学中,活动存在着以下不足:从活动的结构上看,活动设计不合理,缺乏序列性和层次性;从活动的质量上看,重形式、轻本质,活动可能很热闹,但活动的随意性较大;从活动对应问题的回答方式上看,封闭性问题较多,开放性问题较少;从活动的水平上看,操作性、浅层次活动较多,探究性、深层次活动较少.

有时,教学活动设置非常丰富,但若缺少与教学目标的联系,将导致学生在学习活动中缺少对活动意义与价值的探索,缺少反思,只是例行完成学习任务,倘若如此,即使活动设计得再有趣,学生也无法获得能力与素养的成长,教学活动失去有效性.

三、学习活动的有效性

学习活动应该通过丰富性和多样性以及目的性促进学习的有效开展,形成有效课堂教学结构.学习活动包括如阅读教材、听教师讲、观察实验、动手实验、观看视频、独立思考、小组讨论、合作学习、探究学习、交流分享、回答问题、做练习题、课外调查、查阅资料等.

有效的学习活动结构应是多样化学习活动之间的优化组合. 一节课若全是听教师讲或全是小组讨论,则学习活动是单一的,其结构不合理.

我们希望学习者通过学习活动获得概念性理解,就是希望能超越活动给定的信息,将知识运用于新情境. 因此,活动的设计要在结构、层次、质量上突破,以学习者的认知特点、学习动机、行为习惯、活动经验为基础,组织对应评估任务的学习活动,构建活动金字塔模型(图 5.4).

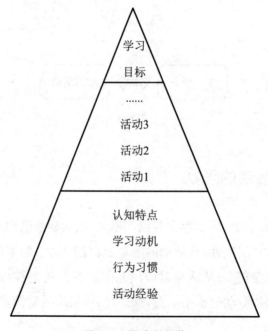

图 5.4 活动金字塔

四、学习活动设计举例分析

案例5:本书第二章第三节中提及的"胡杨林数据求和".

分析:学生能利用等比数列求和公式求和,但未能探索与反思这一素材主题的深刻含义:从数学视角发现问题、分析问题、解决问题.

"通过本课题的学习,获得什么启示?"这个学习活动环节的回应与教师的期望或学习目标是否一致,取决于两点:一方面,如果教师希望学生能够通过本课题的学习树立环保意识,看上去,学习活动嵌入了课程思政元素,学生表现陈词激昂,但实则反映了执教者本身对课题学习的目标理解过于狭窄或片面,未能真正将数学学习与知识意义建构相结合,未能体现学科本质.因为课程思政只是该课题学习的目标之一,学科能力素养没有得到充分体现.另一方面,如果教师的期望与课程内容要求与学业质量要求以及素养目标一致,但却没有得到期望回应,这是因为,给出的问题过于宽泛,不利于促进学习者理解力的评估与提升.

活动改进:如果教师将最后的提问由"通过本课题的学习,获得什么启示?"改为"通过用等比数列求和公式计算近十年西北沙漠胡杨林的数据,如何预测五年后沙漠胡杨林的复绿面积,并试着从数学的视角根据沙漠面积提出下一个五年规划".这其实就给出了一个在学习活动中完成基于真实情境为导向的数学建模任务,需要学生检索信息、提出观点、分析推理、给予证据.这样的问题具有一定的挑战性,但是问题指向清晰,既不会浮于表面的课程育人形式,又能有效地体现学科本质.

案例6:冬虫夏草的实际质量[①].

活动:冬虫夏草是名贵药材.某虫草店有一架天平,由于操作不当,导致天平的两臂长短不等.虫草店老板说:"我的天平有毛病,现在我把虫草放到左托盘称一次,再放到右托盘称一次,虫草的质量就是两次质量的平均数."请问这样称虫草质量是多了还是少了? 顾客会吃亏吗?

任务1:如何用字母表示两次称得的虫草质量?

[①] 庞志雷,吴登文.单元教学设计案例——以"基本不等式"为例[J].中学数学教学参考,2020(7):51-54.

任务 2:"两次质量的平均数"怎样用字母表示?

分析:基于实际情境,对生活中的问题进行抽象.两次称得的质量可用字母 a,b 表示,它们的平均数则可表示为 $\frac{a+b}{2}$.

任务 3:能否用字母 a,b 表示虫草的实际质量?

分析:可以设天平的两臂分别为 l_1,l_2,设虫草的实际质量为 M,根据杠杆原理有

$$\begin{cases} l_1 \cdot M = l_2 \cdot a \\ l_1 \cdot b = l_2 \cdot M \end{cases}$$

可得 $M=\sqrt{ab}$.

由基本不等式 $\frac{a+b}{2} \geqslant \sqrt{ab}$ 可知,虫草实际质量小于等于两次称重质量的平均数,当且仅当两次称重质量相等时,顾客不吃亏,否则顾客吃亏.

【点评】 从真实的学习情境出发设计学习活动,将学习目标与学习任务相对应,能激发学生的求知欲与学习兴趣,在数学抽象的过程中,实现数学水平化,培养学习者的数学建模核心素养.

第四节 学习过程设计

一、学习过程的逻辑结构

在确定了学习目标并遴选了相应的学习任务之后,要考虑的是学习活动以怎样的方式呈现,如何确定活动呈现的顺序与时间分配.由此,进入到学习过程的设计,学习过程设计可以从以下三个方面展开.

(1) 细化课时分配,确立、落实设计意图;

(2) 考虑学习活动的呈现,学习环节的逻辑顺序与结构化处理;

(3) 选择适当的学习资源、策略与方法.

学习过程设计,不是为了走流程而做出安排,而是在教学设计理念的指导

下,追求学生的理解力提升与学习目标达成.追求理解的教学设计理念①,正是旨在提高学生的理解力.它通过在教学之前确定"预期结果"的方式,逆向思考达成预期结果的方式,关注学生在学习过程中是否能够有理有据地完成表现性任务,并能够用清晰的语言解释这样做的理由,而不是仅仅聚焦于学生将某些事做对或做错这种方式来判断学生的理解力.

二、采用逆向教学设计

威金斯与麦克泰这样定义逆向教学设计:从预期的结果开始,根据标准的要求,确定达到结果的学习证据(也即行为表现),选择用以指导学生学习的教学活动,致力于学生理解能力提升而形成的完整的教学计划②.

追求理解的逆向教学设计,充分关注"对话"活动:师生、学生之间彼此对话、学生进行自我对话,通过对话实现语义转换与行为反馈,以学习预期目标为起点,完成知识的意义建构,并寻得问题解决方案.这个学习过程,是可见的、可评估的过程,也是为促进理解而教的过程,更是目标导向的学的过程.

这与苏格拉底的"产婆术"或"如果……那么……"的生产方式具有一致性.

我们知道一个公认的事实:要到达某个终点之前,应思考先到达或经过哪里?这种思维,就是目标思维.

另一种现象:没有终点与方向,走到哪算哪.相对于目标思维,可以把这种思维叫作过程思维.

毋庸置疑,过程思维没有计划,将不知所终.目标思维,则始终以预期结果与目标为导向,步步为营,计划性、实践性、检验性兼具.

课标分析,就是要让教学设计基于学习目标进行教学方案的制订.只有充分认识到这一点,课标分析才能真正成为教学行动而落地生根.

事实上,威金斯与麦克泰提出的逆向教学设计,有助于教学实践中落实课标要求,是一种指向课标的教学设计③.目前,这种逆向设计思维,在我国教育界获得越来越多的认可.

---

①② 格兰特·威金斯,杰夫·麦克泰.追求理解的教学设计[M].2版.闫寒冰,宋雪莲,译.上海:华东师范大学出版社,2017.

③ 崔允漷.课程实施的新取向:基于课程标准的教学[J].教育研究,2009(1):74-79.

三、追求理解的学习过程设计举例

追求理解的教学设计理念,教学设计的每一个阶段,都应围绕下面的问题展开:学生应该知道什么?理解什么?能做什么?教师如何判断预期结果能否实现?通过怎样的教和学才能实现预期结果?

下面以一个学习过程实录案例片段给予说明,请注意:这个过程是对话的过程,也是思维碰撞的过程.

案例7:关于数列的通项与前 n 项和的关系的学习

$$a_n = \begin{cases} S_1, & n=1 \\ S_n - S_{n-1}, & n \geqslant 2 \end{cases}$$

预期目标:

(1)学生需要知道上述关系的结构化表达方式,知道这种关系的符号意义;

(2)知道 a_n 与 S_n 的关系是通过分段函数来呈现,能够用自己的语言描述这种关系的本质,并探索在具体条件下如何求通项公式.

评估任务:若数列 $\{a_n\}$ 满足 $a_n + S_n = 1$,求 a_n.

教师活动:用"面对问题,你能做什么"做引导语,引导学生找到切入点.

学生活动:用"面对问题,我能做什么"做自我对话,寻求任务打开方式.

教师活动:你需要观察关系式的结构,把你看到的关系说出来、写下来.

学生活动:我看到了 a_n 与 S_n 的和为1,即

$$a_n + S_n = 1 \qquad (1)$$

这种关系似乎与式(2)有相关性,都是 a_n 与 S_n 的关系表达.

$$a_n = \begin{cases} S_1, & n=1 \\ S_n - S_{n-1} & n \geqslant 2 \end{cases} \qquad (2)$$

教师活动:观察式(1)与式(2),思考其相关关系如何转化为可用关系?

学生活动:式(2)不仅与 S_n 有关,还涉及 S_{n-1}.

教师活动:再用"面对问题,你能做什么"做引导语,引导学生找到突破点.

学生活动:用"面对问题,我能做什么"做自我对话,寻求任务破冰方式.

学生活动:我需要 S_{n-1} 的出现,并与 S_n 一起参与减法运算,但不知道怎么办?

教师活动:再次观察(1)式,这是一个对任意正整数都成立的关系式,你可以写出哪些由此产生的具体关系式呢?

学生活动:
$$a_1 + S_1 = 1$$
$$a_2 + S_2 = 1$$
$$a_3 + S_3 = 1$$
$$\cdots\cdots$$
$$a_{n-1} + S_{n-1} = 1$$
$$a_n + S_n = 1$$

教师行动:你要的 S_{n-1} 出现了,可以做你想做的减法运算了吗?

学生行动:是的,我可以将上述等式中最后一个等式与前一个等式相减,得到
$$a_n - a_{n-1} + S_n - S_{n-1} = 0$$
即
$$2a_n - a_{n-1} = 0$$
故
$$\frac{a_n}{a_{n-1}} = \frac{1}{2}, \quad n \geq 2$$

任务结论 1:数列 $\{a_n\}$ 是一个公比为 $\frac{1}{2}$ 的等比数列.

教师活动:根据上述系列关系式,思考这个数列的首项如何计算?

学生活动:考虑到等式 $a_1 + S_1 = 1$ 与首项有关,又由于 $a_1 = S_1$,故可以将该式化为 $2a_1 = 1$,易得 $a_1 = \frac{1}{2}$.

任务结论 2:所求通项公式为 $a_n = \frac{1}{2} \cdot \left(\frac{1}{2}\right)^{n-1} = \left(\frac{1}{2}\right)^n$.

【点评】 学习活动在对话中展开,以问题驱动引发思考,一方面为已知信息实现结构化表达(通项与前 n 项和的关系),另一方面为信息赋予方法与意义(降阶处理、相减并揭示了信息蕴含的等比数列).

第五节　学习评价设计

教学评价是将学生的学习效果与预期目标相比较,通过各种评价方法和手段,收集真实的评价数据,对教学设计方案进行价值判断,从中获得对教学方案进行修改的信息,调控教学过程.

数学学习评价是根据课程目标要求,按照一定计划采取特定的方式收集和获取数学学习信息,并对学生数学学习状况做出评判的过程.过去,我们对学生的评价过分关注结果与成绩排名,强调"甄别"功能.核心素养视域下的学习评价正在从"甄别"走向"发展".过去我们关注教师教了什么,重点评价教师的"教":评价课堂上教师的语言能力、表达能力、组织能力、把控能力、板书能力等.现在,我们除了要评价教师的"教",更要评价学生的"学",特别是评价学生在学习后的心理、行为表现与能力等方面的增量改变,关注学习目标的达成度,改变狭隘的应试技能的评价观.

新课标研制了学业质量标准,这是前所未有的突破.学业质量标准是课程内容与教学活动的归属.学业质量标准为整体刻画学生的学业成就和素养达成提供了一把"软尺"(软尺不同于直尺,既是一种有效的测量工具,又能给学习评价提供一个方便的读取方式,好用且好管理),同时也是教学评价的"风向标",有利于从根本上解决"唯分数论"与"学教评不一致"的问题,这预示着过程意识、标准意识、水平层级意识将成为数学学习评价的必备意识.

当前课堂评价以观察为主,评价结果不准确;学科知识以考查或考试为主,评价方式单一、不系统.因此,需要改进评价模式,改变唯分数、唯结果的评价,通过伴随式数据采集,实现过程性评价与增值性评价.其中,过程性评价主要包括课堂表现情况、课内外作业完成情况、开放式活动中的表现情况、知识测试(单元考核、章节知识测试)情况等,要结合学生在数学学科竞赛、小论文、小发明和社会实践等方面的表现进行评价.

全面评价学生数学知识的学习和掌握情况、数学学科核心素养的达成情况,要注重信息技术在评价中的应用,关注评价内容的多元性和多样性.

那么,什么是评价?评价什么?依托什么评价?怎样的评价不会流于形式?什么是有效的评价手段?如何将模糊评价清晰化、可视化?

在评价过程中,要将内隐心智活动转化为外显可测性评价,这是个难点.例如,如何评价"能初步体会并表达事物蕴含的简单数量规律"这一学习目标?如果不能将目标进行转换,那么"初步"与"体会"的模糊表述难以测评,"表达"的具体方式如何?怎么表达?也缺乏可操作的标准.

因此,在做学习评价设计之前,我们首先需要厘清三个概念:测量、评估与评价.很多时候,这三个概念被视为同义词,混淆为一个概念,甚至将考试等同于评价.

一、测量、评估与评价的关系

测量、评估与评价这三个术语,各自承载着不同的功能(表5.11).

表 5.11 测量、评估、评价

步骤	方法	功能
1	测量	收集数据
2	评估	解释数据
3	评价	判断数据

课程评价包括运用各种技术来收集并解释相关信息,然后在对这些信息进行解释的基础上做出判断[①].我们使用测量这一工具去收集信息,且收集到的信息往往是客观的数据资源,如考试成绩、测验分数等.我们使用评估的技术解释测量收集的数据,如用样本均值与方差技术解释考试成绩.我们在对通过测量收集的数据进行了评估之后,再基于课程标准对数据进行评价.

从上表可以看出,考试只是评价的数据来源,并非评价本身.将考试等同于评价手段,是对评价的误解.收集数据、解释数据、判断数据的最终表现为学业质量,也即学业质量是评价的结果.

从教学评价的角度审视,备课的意义之一就在于对预期学习结果(学习目标)和真实学习结果(学习效果)之间的差距设计评价任务、策略与方案,由此来

---

① Leigh Chiarelott. 情境中的课程——课程与教学设计[M]. 杨明全,译. 中国轻工业出版社,2007.

考察教学活动的有效性.评价的基本原则是要通过合理科学的评价帮助学生认识自我、建立自信,通过公平专业的评价帮助教师改进教学;要遵循教育规律,合理设置符合学生特点的评价内容、评价方式和评价标准;要加强过程性评价,以利于学生的全面发展和个性特长的发挥,促进教师的发展和教学质量的提高,实现评价的科学性和公平性.

在完成学情分析与目标设置后,评价任务紧随其后.其意义有三个方面:第一,有目标一定要有评价,有目标没评价就等于没有目标.第二,目标之后写评价,可以矫正已写好的目标,避免目标假大空.第三,便于把评价任务嵌入后续的学习过程中,做到学教评一致.

因此,教学评价就是要明确"学得怎样,教得怎样",为学与教的调控提供依据.

二、关于学业质量

学业质量是教学内容与教学活动的归属,那么,什么是学业质量?考试分数就是学业质量吗?学业质量是学生在完成数学学习之后学业成就的综合表现,不是知识点学习之后的成就表现,而是知识的综合运用表现.新课标中对"学业质量"的内涵解释时指出:"学业质量是学生在完成课程阶段性学习后的学业成就表现,反映核心素养要求."

之所以中考、高考强调综合性、实践性、应用性,就是因为要评价综合表现与学业成就表现.有专家认为,原来的那种基于知识点的"双向细目表",如狗头考了解,狗身考理解,狗尾巴考简单应用,学生得了100分也不知道什么是狗.这就是典型的将三维目标异化为三条目标,彼此割裂的结果,这种做法将要退出历史舞台.学业质量不只是基于知识点的考试成绩,学业成就综合表现是以本学科核心素养及其表现水平为主要维度,结合课程内容,对学业成就表现的总体刻画.学业质量是所有过程评价、结果评价与考试命题的依据,也是作业、测验的依据.

因此,依据学业质量的评价标准应该是以核心素养为导向的数学素养测评,是分层次的操作性评价,而且是包含过程性评价与结果性评价的多元评价[①]. 以核心素养为导向的教学评价,一个重大的改变是由"对学生的评价"转化为"对学生发展的评价". 因此,对教学评价的设计,应该从学习行为、问题解决以及价值观念三个方面做出回应.

三、关于学习行为

学习行为这一维度指的是数学基础知识和基本技能的学习,聚焦于"知道什么、理解什么、会做什么",其内容主要包括三类:一类是数学概念、数学原理(即数学定理、性质、公式、法则)、基本的数学事实结论这样一些用于回答"是什么"问题的陈述性知识,它属于语言信息;第二类是涉及数学概念、数学原理、基本的数学事实结论的运用,用于回答"做什么"问题的程序性知识,它属于认知技能;第三类是数学操作性技能,用于回答"怎么做"问题的策略性知识,它属于动作技能.

评价学习行为,即是对学习目标的行为目标做出判断,是相对容易完成的显性目标评价.

四、关于问题解决

问题解决这一维度指的是知识迁移与数学应用,聚焦于"数学思想、思维品质、数学眼光和活动经验",具体内容是:通过数学学习过程,把握数学思想(比如数形结合思想、化归思想、方程思想、函数思想、一般化思想、特殊化思想、模型化思想、统计思想、随机思想、微积分思想、公理化思想等),培养数学能力,包括数学学习能力,提高问题解决能力,改善数学思维品质(广阔性、深刻性、灵活性、独创性、批判性、严谨性),发展数学眼光,积累数学基本活动经验等.

基本活动经验是指经历适当的数学基本活动后所获得的意会知识. 意会知识是指那些不能言传的、不能系统表述的知识. 意会知识是镶嵌于实践活动之中的,是情境性和个体化的,只可意会,只有通过亲身的活动体验才能学会和掌握. 基本活动经验是否符合专业标准,取决于我们为学生提供了什么样的活动. 经常刷题,就获得了刷题的经验;经历问题解决的过程,才能获得问题解决的经

[①] 何小亚,姚静. 中学数学教学设计[M]. 3版. 北京:科学出版社,2020.

验;经历数学试算、猜想、探究、发现的过程,才能积累数学研究发现的经验.

因此,关于问题解决的评价,需要考查学习者内隐活动经验是否能外显为迁移与应用.

五、关于价值观念

价值观念这一维度指的是价值取向与情感体验,聚焦于"数学信念价值观、数学兴趣、数学具体内容的喜好感受",这里的情感是指在数学活动过程中比较稳定的情绪体验.数学信念主要表现为数学态度,是指对数学活动、数学对象的心理倾向或立场,具体表现为兴趣、爱好、看法或观点.

此外,这一维度目标的内容还包括宏观的价值观和审美观,比如,对数学的科学价值、应用价值和文化价值的看法.数学的美体现在:精确之美、严谨之美、简洁之美、概括之美、统一之美,以及奇异、对称、和谐之美.

因此,关于价值观念的评价,由于其内隐性而有一定难度.

无论是可测性目标还是内隐目标,一个有效的测评方式是评价学习者提交的作品,作品除了考试答卷,还包括学习反思、问题解决方案、数学实验发现或猜想、课题报告等.也就是学生通过学习实践,以作品的形式,来表现其学习水平以及目标达成度.

在对学习评价有了清晰的认知后,学习评价设计就有了方向,学教评一致性才能得以落实.

案例 8:在学习函数的单调性时,可根据如下 5 条学习目标,设计相对应的学习评价量表(表 5.12),将测量、诊断和调节相结合,实现过程性评价、增值性评价与结果性评价相结合.

(1) 学生能够陈述函数单调性的定义(数学抽象).

(2) 学生能够用自己的语言去解释函数的单调性(数学抽象).

(3) 学生能够用函数单调性去比较大小,确定不能直接比较大小的数量关系,如 $0.5^{0.3}$ 与 $0.5^{0.4}$ 的大小关系(逻辑推理).

(4) 学生能够利用函数单调性解抽象不等式,如对于定义在 **R** 上的单调递增函数 $f(x)$,满足 $f(x^2-4)<f(3x)$,求 x 的取值范围(数学运算).

(5) 学生能够利用函数单调性建立不等式模型(数学建模).

表 5.12　函数单调性学习评价量表

项目或分值	3分	2分	1分
数学抽象	能在综合情境中抽象出单调函数的概念	能在关联情境中解释单调函数的概念	能在熟悉情境中陈述单调函数的概念
逻辑推理	能在综合情境中利用单调性比较大小	能在关联情境中利用单调性比较大小	能在熟悉情境中利用单调性比较大小
数学运算	能在抽象不等式中确定运算对象,选择运算规则正确运算	能利用给定运算规则对具体不等式进行正确运算	能利用给定的运算对象与运算法则做相关运算
数学建模	能在综合情境中发现数量关系,形成结构化表达,建立单调函数模型	能在关联情境中发现数量关系,建立单调函数模型	能在熟悉情境中描述单调函数模型

上述评价任务通过具体的评价载体呈现,既体现了与学习目标的一致性,又反映了评价所关注的学习主体、学习行为、问题解决与价值观念.因为课题确定的学习目标清晰可测,学习评价也对应地具体可操作.

第六章 案例评析

真实的案例评析,旨在帮助大家更加具体地理解课程标准及其要求,特别是通过案例,思考如何依托新课标,理解数学学科核心素养与学习、教学、评价的关系,将数学学科区分于其他学科的抽象性、精确性以及应用的广泛性充分体现出来.通过案例展示核心素养视域下的备课新思维与教学设计应遵循的"学教评一致性"黄金法则,既体现数学学科本质,又凸显数学学科育人价值.

本章案例均来自于教学一线.或以大单元完整设计,或关注教材的深度解析,或基于信息技术融合应用,或基于课程思政的挖掘与融入,或通过教学实践将良性结构问题改为不良结构问题,实现封闭问题向开放问题的转化,乃至形成项目学习的雏形.8个案例各具特色,对一线教师构建备课新思维具有参考价值与指导意义.

案例评析能让我们通过第三方视角来思考教学设计的合理性与专业性,因此,要给予一定的基本框架进行评析(表6.1).

表 6.1　教学设计评价的基本框架

评价维度	评价内容
教学目标	教学目标是怎样表述的？体现了哪些规范？ 学习目标是怎样向学生陈述的？预设的学习目标与所教学生的学习水平适切性如何？ 课堂上是否生成了新的学习目标？若有,是怎样处理新生成的学习目标的？
学习内容	采取了哪些策略(如增/减/换/合等)来重构教材内容？ 怎样凸显学科的特点、思想、核心素养、逻辑结构？ 如何满足不同学生的需求？ 课堂上生成了哪些内容？是怎样处理的？
学情分析	是否具有清晰的学情数据、量化表达？
评估任务	是否与学习目标的达成形成对应关系？
教学实施	是否有序开展教学活动确保目标的达成？
教学评价	是否对目标的达成度有一个可观测、可操作的评价标准？
教学资源	是否合理选择资源并充分利用资源助力学习目标的达成？

案例1　函数的性质[1]

一、教材分析、学情分析与课标解读

（一）教材分析

"函数"是中职学校数学公共基础课程的必修内容,函数是描述数量关系的模型.函数的性质是对数学模型的结构、关系以及规律的表达,是对函数本质特征的刻画,是进一步研究函数的重要组成部分."函数的性质"在高等教育出版

---

[1] 杨宏英(支教挂职),罗金凤,唐仲衡,何秀府.2020年广西职业院校教学能力大赛获奖作品.编号:202001001.

社出版的《数学》第三章"函数"中有综合性叙述,但仅限于函数的单调性与奇偶性,在后续的指数函数与对数函数以及三角函数中又有进一步针对性的分述,并且三角函数部分还增加了函数的周期性.学习函数的性质,可获得对函数从结构到图像特征的系统认知,是通向深度学习获得数学抽象、逻辑推理与数学建模核心素养的阶梯.

"函数的性质"主要表现在函数的单调性、奇偶性及周期性三个方面,其难点是理解不同基本初等函数的变量关系及其结构特征,抽象出共性."函数的性质"贯穿在整个数学课程学习中,具有连续性与系统性.

(二)学情分析

函数来源于现实世界,又高于现实世界,函数的抽象性往往令学习者"望数生畏"."函数的性质"的抽象性特点,使得学生对函数学习表现出信心不足,有畏难情绪.但通过数学画图软件,将函数变化规律与对应几何图形进行特征分析,学生能在教师的引导下初步建立直观想象与几何模型,帮助理解函数蕴含的数量关系及其基本特征.

本单元学习对象主要来自学校不同专业备考广西高职高专的学生,也有部分就业班学生,学业需求具有较大的差异性.

(三)课标分析

根据教育部2020年颁布的《中等职业学校数学课程标准》,对第三章"函数"部分的内容要求是:理解增函数、减函数、奇函数、偶函数的定义与函数图像的几何特征,初步掌握函数单调性与奇偶性的判定方法.指数函数与对数函数部分的内容要求是:理解指数函数与对数函数的图像和性质.三角函数部分的内容要求是:了解正弦函数在$[0,2\pi]$上的图像和特征,理解正弦函数的单调性与奇偶性,了解正弦函数的图像及周期性,了解余弦函数图像与正弦函数图像的关系,了解余弦函数的性质.

可见函数的单调性、奇偶性与周期性是函数与函数图像紧密关联的三大特性,基于学情与课标要求,可以借助数学软件绘制函数图像,分析图像特征,加深对幂函数、指数函数、对数函数、三角函数变化规律的认识.

本案例以学生获得数学学习的基本知识与技能、基本思想与方法以及数学经验为首要任务,同时结合广西壮族自治区高职高专招生考试的选拔性要求确定设计思路,培养学生的数学抽象、数学运算、逻辑推理以及数学建模核心素养.

二、整合教材、构建函数性质大单元

(一)设计理念

整体设计,分步实施.将分布于多章节的函数性质重构整合,构建基于学科核心素养的大单元教学设计,通过"函数的性质"大概念学习,培养学生基于几何直观的形象思维与以数学语言表达函数关系和规律的模型思维,实现低阶思维向高阶思维的发展与提升.

(二)单元学习目标

(1)通过本单元的学习,学生能够分别描画出幂函数、指数函数、对数函数以及三角函数四类基本初等函数的代表性图像(直观想象);

(2)能够对应于四类基本初等函数图像,以"形"论"数",解释不同图像呈现的对称性特征、变化趋势与规律(数学抽象);

(3)从具体的函数类型出发,经历从特殊到一般,凝练出奇偶性、单调性与周期性的概念,并能够用结构化数学语言表达函数的奇偶性、单调性与周期性(数学建模);

(4)利用函数性质统一认识函数,体验通过有限的事物分析无限的事物的方法(逻辑推理).

(三)核心学习内容

本案例是以"函数的性质"为大概念统领的学习单元,通过教材重构,形成以贯穿基本初等函数的"奇偶性、单调性与周期性"为核心内容的子课题.团队成员集体备课,研讨基本设计思路,统一设计基本框架(表6.2).

表 6.2 函数性质大单元的核心内容与课时安排

函数 \ 性质	奇偶性	单调性	周期性
幂函数(2课时) $y=x^\alpha, \alpha\in\mathbf{R}$	$\alpha=2n, n\in\mathbf{Z}$ 时为偶函数 $\alpha=2n+1, n\in\mathbf{Z}$ 时为奇函数	$\alpha>0$ 时,在第一象限是增函数 $\alpha<0$ 时,在第一象限是减函数	无
指数函数(1课时) $y=a^x, a>0, a\neq1$	无	$0<a<1$ 时,为减函数 $a>1$ 时,为增函数	无
对数函数(1课时) $y=\log_a x, a>0, a\neq1$	无	$a>1$ 时,为增函数	无
三角函数(8课时)	$y=\sin x, x\in\mathbf{R}$ 为奇函数	$\left(-\frac{\pi}{2}+2k\pi, \frac{\pi}{2}+2k\pi\right)$ 内为增函数 $\left(\frac{\pi}{2}+2k\pi, \frac{3\pi}{2}+2k\pi\right)$ 内为减函数	$T=2k\pi$
	$y=\cos x, x\in\mathbf{R}$ 为偶函数	$(2k\pi, \pi+2k\pi)$ 内为减函数 $(\pi+2k\pi, 2\pi+2k\pi)$ 内为增函数	$T=2k\pi$
	$y=\tan x, x\neq\frac{\pi}{2}+k\pi$,为奇函数	$\left(-\frac{\pi}{2}+k\pi, \frac{\pi}{2}+k\pi\right)$ 内为增函数	$T=k\pi$

说明:上表中 $k\in\mathbf{Z}$.

(三)子课题设计举例

子课题设计举例如表 6.3 所示.

表 6.3 子课题设计

课题	正弦函数的周期性	授课班级	汽修 26 班
科目	数学	计划课时	1 课时
时间	2020 年 5 月 25 日	地点	第二教学楼一楼 103 室
内容分析	正弦函数的周期性是广西中职数学基础模块的重点学习内容,难度适中,是高职高专必考考点		
学情分析	学生数学基础弱,对函数的概念、图像与性质学习缺乏信心.汽修 26 班的大部分学生较调皮好动,但在少部分爱学习的同学影响下,他们也愿意做出改变,尝试学习新知		

续表

课题	正弦函数的周期性	授课班级	汽修 26 班
学习目标	1. 通过图像观察,知道正弦函数每隔一个 2π、4π、… 长度的区间函数值就重复出现,根据诱导公式归纳得出 $2k\pi(k\in \mathbf{Z})$ 是正弦函数的周期,2π 是其最小正周期,提升直观想象素养; 2. 数形结合,能根据给定自变量起点确定正弦函数最小周期区间的终点,灵活确定正弦函数的周期区间,发展逻辑推理素养; 3. 通过有限事物认识无限事物,提高行事效率;函数有周期性,可以周而复始,但生命只有一次,没有轮回,要学会珍惜时光、敬畏生命		
学习重点	正弦函数的周期性的描述与表示		
学习难点	根据不同起点确定周期区间		

教学环节	内容	设计意图
一、情境导入 (5 分钟)	引入"周而复始"这一有趣的生活现象,例如天体周期性运动、周课程安排	以富有周期性特点的自然、生活规律吸引学生注意力,了解周期性现象
二、正弦函数的周期 (8 分钟)	周期函数定义 $f(x+T)=f(x),T\neq 0$ 利用诱导公式,确定正弦函数周期 $\sin(x+2k\pi)=\sin x,k\in \mathbf{Z}$	引入周期函数定义,为正弦函数周期性埋下伏笔 根据周期函数定义,得到正弦函数的周期为 $2k\pi$
三、动态展示正弦函数图像 (6 分钟)	根据动画讨论正弦函数的图像,灵活确定正弦函数的周期区间	用几何画板动态展示周期函数图像,帮助学生建立周期函数的直观认知
四、正弦函数的最小正周期 (6 分钟)	确定正弦函数的最小正周期	掌握判断正弦函数最小正周期区间的方法
五、备考拓展 (5 分钟)	正弦函数延伸拓展到正弦型函数,并求正弦型函数的最小正周期. $y=A\sin(\omega x+\varphi),A>0,\omega>0$ 正弦型函数的最小正周期:$T=\dfrac{2\pi}{\omega}$	为升学备考需求提供支持
六、随堂训练 (10 分钟)	根据正弦函数图像及正弦函数常见题型做随堂练习	任务驱动,针对性突破核心概念
反思	1. 教材对正弦函数的周期性概念只做了简单说明,但是在实际教学过程中需要借助数学软件将概念可视化,进行动态化分析,帮助学生理解正弦函数的周期性概念; 2. 正弦型函数在学生的升学考试复习时需要强化学习,现前置正弦函数学习加以拓展,为学生以后的升学考试打下基础	

三、实施效果

（一）课头效果

由于课题设计通过生动事例导入课堂,将数学与生活相结合,不仅能让学生产生代入感、亲切感,还创设情境引导学生从数学视角观察生活,用数学方法解释客观世界,抓住学生"心流",激发学习兴趣.打破了数学课往常的枯燥沉闷,学生在课堂前段的专注力明显增强.

（二）课中效果

每一个课题都在教学内容的呈现方式上,巧妙地用几何画板软件做出动态函数图像,用动画展示变量之间的依存关系,帮助学生建立起直观感知,创设化静为动、化抽象为形象的可视化策略.学生在视觉与知觉的共同作用下,对学习活动的参与度高,思想的火花被激活,教师也因为学生的良好表现而激发教学热情.

（三）课末效果

每一堂课都有思维导图,帮助学生归纳、梳理课题核心内容.本案例的教学设计注重学习方法的引导和知识整理,对学生学会梳理知识要点、形成条理清晰、逻辑性强的知识框架有着明确的指向性,从而在一堂课结束后,能够回归课题,使得教学的素养目标落入实处.

（四）课后效果

每一堂课都有专题训练或同步训练,即时考查学生的学习情况."学而时习之,温故而知新"与"题目千万条,方法第一条"的数学学习理念贯穿始终,并通过相应训练提高学生的数学运算、逻辑推理、数学建模等数学核心素养.几次模拟成绩可以佐证,精心设计的课堂教学,成绩进步明显.

（五）拓展效果

课题组成员充分利用公众号推文,为函数的性质提供课堂延伸的学习资源,拓宽学生视野.课题设计过程中,把新冠肺炎疫情曲线导入数学课堂,引领学生用函数工具解读疫情曲线,引领学生用全球化思维看待问题,激发爱国情感,敬畏生命.这样的设计,既有时效性又有现实意义.

四、教学反思

首先,由于授课对象分散在不同专业,所以在教学实施过程中,面对学生的层次性差异与培养目标的不同,在教学设计上,还有待进一步细化,使其更具有针对性,同时,还需要对学生学习过程中可能存在的问题进行预设,并给出应对方案.对教师而言,重构教材单元,形成核心概念统领的大单元,对教师的专业能力与跨科融合能力提出了更高的要求.

其次,由于"函数的性质"课题不仅跨度大,覆盖专业广,而且由四位教师在不同班级分别授课实施,所以课堂实施的反馈信息不够集中,或在信息收集过程中出现数据的处理方法不同而信息不全.尤其是部分课堂实施效果还需要后续检验,才能得到更加真实有效的数据反馈.

再次,在课题设计过程中,坚持原创,尤其是利用几何画板设计函数动态图像上所表现出来的可视性与动态性,都有生动呈现,但是由于教室投影偏小,可能后排学生难以看清动态图像,需要在设计过程中根据教室布局与学生人数对图像参数进行设置,充分考虑整体观感.

最后,课题设计的专题训练或即时训练,因为函数性质在各章节的交叉重叠,存在一定程度的重复.而考虑到广西壮族自治区学生的数学水平能力与广西高职单招考试要求,在教学内容横向展示的过程中,不能兼顾纵深发展.比如,对抽象函数的单调性,既是奇函数又是偶函数的奇偶性问题以及利用倍角公式与辅助角公式形成的正弦型、余弦型函数的周期性问题,就没有过多描述与深入探讨.

【评析】 该案例将多个教材单元重构为一个学习单元,也即根据章节或单元中不同知识点的需要,综合利用相应的教学策略,通过一个阶段(12个课时)的大单元主题让学习者完成一个相对完整的单元学习——以基于一定的目标和方法的"函数性质"为主线,贯穿幂函数、指数函数、对数函数以及三角函数的学习,将函数的奇偶性、单调性以及周期性统领函数性质,既是单元的解构,颗粒化程度高,又是单元的重构,大任务驱动课题学习.案例设计立足于学生的学情,对教材内容进行有逻辑、成体系的统整,将分散在多个章节的知识点进行结构化整合,构建系统的函数性质知识大单元,体现出整体设计、分步实施的特点.

学情分析过于笼统,缺乏数据支撑,应该借助信息技术给出学情的具体数据,但单元学习目标具有层次性,从直观想象、逻辑推理、数学建模的行为目标,再到情感体验的表现性目标,层层递进.

既兼顾升学又兼顾就业,双重需求的满足符合职业教育要求,但评估任务主要以专题训练的方式给出,学习评价相对单一.

案例 2 两直线平行[①]

一、教材分析

本案例选自秦静主编、高等教育出版社出版的国家级规划教材《数学》第六章"直线与圆中两直线平行".教材是落实立德树人根本任务的有效载体,教材编写突出了新课标学科育人功能,体现了数学的文化价值,渗透了爱国主义思想和大国工匠精神,在本节一开始给出了"情境与问题":

(1) 2020 年 11 月 24 日,我国在文昌航天发射基地,用长征五号运载火箭成功发射了探月工程嫦娥五号探测器,大型运载火箭发射航天器离不开助推器的推送,如教材所示的我国长征五号火箭(图略),外围有四个火箭助推器.如果把长征五号火箭的四个助推器看作直线,它们的位置关系如何呢?

(2) 现实生活中的许多物体具有平行的位置关系,观察如教材所示的图

---

① 毕渔民.新时代背景下以培养学生核心素养为目标的数学教材特色视阈[R].深圳市中职学校青年教师教学能力提升专题培训(第十讲)案例.2022-09-03.

形(故宫与高铁轨道),哪些物体是平行的?怎样用数学语言描述平行关系呢?

上述"情境与问题"改变以往教科书单向信息传递方式,图文并茂,看似是提问,其设计意图是通过问题引发学生的思考与对话,搭建学习的脚手架,有助于培养学生建立几何直观、数学抽象与数学建模思想,从"火箭""建筑物""铁轨"等客观世界中抽象出"平行直线",不仅可以帮助学习者感悟数学来源于客观世界,又应用于客观世界,而且深层次地折射出我国航空航天事业与铁路等基础建设的先进技术以及中华民族的伟大智慧,激发学生的学习兴趣与民族认同感。

二、内容要求

(1) 理解两直线平行的条件;
(2) 掌握两直线平行的判断方法.

三、课标分析

(1) 学什么:学习两直线平行的概念与两直线平行的判断方法.

(2) 学到什么程度:学习者要能够说出两直线平行的几何特征,并描述如何分别通过两直线的倾斜角、斜率以及直线方程确立两直线平行的条件;学习者能理解倾斜角、斜率对判断两直线平行的意义,即要知道倾斜角与斜率的关系,并能利用倾斜角与斜率以及直线方程判断直线是否平行.

(3) 怎么学:在"问题与情境"中直观想象两直线平行的几何特征,借助直角坐标系下直线的"倾斜角、斜率、纵截距、直线方程系数"以列表对比的方式掌握两直线平行的判断方法.

四、学习目标

(1) 能用自己的语言从客观事物中抽象出平行直线的概念并说出两平行直线的几何特征,发展直观想象与数学抽象素养,从国家的航空航天事业与国家建设先进技术中感悟中华民族的伟大智慧,获得民族认同感;

(2) 根据"倾斜角相等两直线平行"或"斜率相等但纵截距不相等两直线平行"或"当直线方程的一般式中对应的一次项系数之比相等但不等于常数项之比时两直线平行"判断两直线平行的方法,通过数量关系确定直线的几何位置关系,获得直线平行判断模式,发展数学建模思想.

【评析】 教材分析层层递进,充分挖掘课程思政元素,通过"情境与问题"引发教材与学生之间的情感与价值观念碰撞,建构数学理性精神与人文底蕴,既分析教材文本信息,剖析教材内容的呈现方式与内在逻辑,也体现主讲教师不拘泥于教材,对教材给予再创造,赋予教材文本静态内容以生命活力,产生增值效应,充分体现第三章所述的备课之三重境界.第一重境界:看到的是情境中与两条平行线相关的文本信息,此乃"看山是山".第二重境界:看到了从"火箭""建筑物""铁轨"等客观世界中抽象出来的"平行直线",设置教学内容蕴含的"直观想象"与"数学抽象"的数学核心素养目标,此乃"看山不是山".第三重境界:航天火箭的发射标志着我国航天事业的高水平发展,北京故宫的建筑是中华优秀传统文化的体现,而铁轨则反映了我国的铁路建设技术世界领先,蕴含着丰富的思政元素,具有数学育人价值,确立了学习过程的情感体验目标,课程思政"如盐溶于水"般地潜移默化,所有这些都源于"平行线"的数学元素,此乃"看山还是山".

案例3 函数的单调性[①]

数学概念是人类对现实世界数量关系和空间形式的概括反映,是建立数学法则、公式、定理的基础,也是运算、推理、判断和证明的基石,更是数学思维、数学交流的工具[②].数学家华罗庚曾经说过:"数学学习的过程,就是不断地建立各种数学概念的过程."

数学概念作为数学核心知识与数学思想方法的载体,一部分来源于现实世

[①] 杨宏英.数学概念课教学的信息技术应用——以函数的单调性为例[J].中国信息技术教育,2023(1):87-90.

[②] 邵光华,章建跃.数学概念的分类、特征及其教学探讨[J].课程·教材·教法,2009,29(7):47-51.

界,是由现实世界的事物、现象及其关系抽象而产生(如函数与圆),另一部分来自数学内部,通过对已有数学对象的本质进行再抽象、组合或拓展而得到的进一步概念(如复数与极限).

准确认识和理解概念,是数学教学的一个难点.如果教师能够合理创设情境,让学生积极参与到学习中,那么概念的理解将更加深入[①].创设数学情境可以弥补直接传授知识的局限,为学术形态转变为教育形态提供通道,从呈现方式转变为生成方式提供环境,有利于实现知识的"再创造"[②].

一、确定目标

（一）学情分析

利用问卷星对教学班学生做学情前测,前测内容包括学习方式与学习认知水平两个方面.

1. 学习方式

如图 6.1 所示,有 38.96% 的学生表示希望"通过师生共同创建活动,探索概念的生成过程",28.57% 的同学赞同"老师画图分析导入概念",24.68% 的学生愿意"听老师陈述定义,介绍概念",而 7.79% 的同学表示会通过"自己课后百度求助".

数据表明,学习者关于数学概念学习方式的选择具有差异性,但其中大部分学生希望通过结合图形或语言描述创设情境的方式导入概念,或在实践活动中探索概念的生成.

2. 学习认知水平

学生对二次函数 $y=-x^2$ 图像特征认识存在很大的分歧与偏差,其中只有 32.47% 的学生回答正确,即该函数图像是开口朝下先升后降的抛物线,错误率高达 67.53%(图 6.2).而对于函数 $f(x)=\dfrac{1}{x}$,在比较 $f(-2)$ 与 $f(-3)$ 的大小关系时,只有 40.26% 的学生能正确比较大小(图 6.3).

---

① 鲁娟.高中数学概念教学策略的探讨[J].新课程(中学),2016(12):57.
② 罗增儒.数学概念的教学认识[J].中学数学教学参考,2016(4):2-3.

数据表明,中职学校学生对二次函数图像及其特征缺乏清晰的认识,数量关系比较能力有待加强.

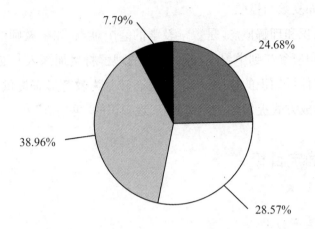

图 6.1

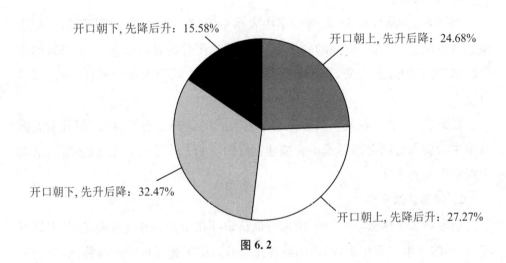

图 6.2

(二)课标分析

2020 年发布的中职学校数学课程标准对"函数单调性"给出了相应的内容要求与教学提示.

内容要求:理解函数的单调性.

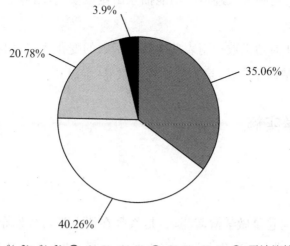

图 6.3

教学提示:通过熟悉的函数图像,帮助学生理解函数的单调性.

从新课标要求可以看到,函数单调性的学习需要结合实例,从"形"出发,经历从具体的直观描述到符号语言的结构化表达.

(三)教材分析

本案例选自高等教育出版社出版的《数学》第三章第三节"函数的性质". 函数的单调性是对函数变化规律的刻画,是函数的基本性质之一,是研究函数特征的重要内容,贯穿数学学习始终,承载着研究基本初等函数特征的功能. 学习函数的单调性要经历自然语言、图形语言以及符号语言的三种转化,是高中阶段具有高度模式化与抽象化的定义模式,对函数性质的学习起示范作用,也为今后学习不等式、比较大小、求函数的最值等问题奠定基础.

(四)确定目标

基于学习者特征与新课标核心素养为导向的教学要求以及教材的逻辑结构,将课标中的"理解函数的单调性"拆解为"描述曲线几何特征""抽象出函数模型""结构化表达函数变化规律",确定本节课的学习目标.

(1)借助 COVID-19 曲线走势直观描述其几何特征,培养直观想象能力与洞察能力;

（2）通过几何画板轨迹追踪功能抽象出函数模型，培养数学抽象能力与模型意识（重点）；

（3）通过几何画板数据制表功能探索函数的变化规律，用符号语言对函数的单调性进行结构化表达，培养数学建模素养（难点）.

二、教学实施

（一）课前

一是通过问卷星做学情前测；二是教师在线上学习群发布公众号推文《解读COVID图表曲线，培养学生理性精神》[①]，方便学生在移动端进入课题暖身活动；三是布置学生根据每天发布的疫情信息收集数据资源，制作数字化视频，为情境化教学提供准备.

设计意图：学生是课题的学习者，也是信息化资源的创建者.

（二）课中

1. 创设情境

在初中阶段，学生已经初步了解一次函数、反比例函数以及二次函数的图像具有单调性的特征. 高中阶段，学习函数的单调性，可以创设真实情境，从直观认识出发，提出问题，通过任务驱动，经历函数单调性的抽象过程.

问题1：2020年1月~2月，全国新冠累计治愈趋势如图6.4所示，请根据曲线走势，说出新冠累计治愈病例与时间的变化关系.

问题2：2020年2~11月，全国新冠病例确诊趋势如图6.5所示，请根据曲线走势，说出新冠病例确诊数与时间的变化关系.

学生根据数据曲线，容易直观地描述新冠确诊或治愈病例随着时间的变化上升或下降的特征：从2020年1~2月，全国累计治愈病例随时间的推移呈上升趋势；从2020年1~2月，全国确诊病例随时间的推移呈上升趋势，2020年2~5月，则呈下降趋势.

---

① 杨宏英. 解读COVID-19图表曲线，培养学生理性精神. 微信公众号"杨子自留地". 2020-02-24.

设计意图:学生在熟悉的情境中开课,容易产生代入感.从几何直观出发,发现曲线特征,为抽象函数模型做好铺垫.

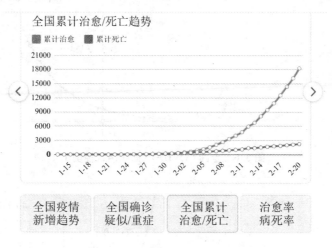

图 6.4

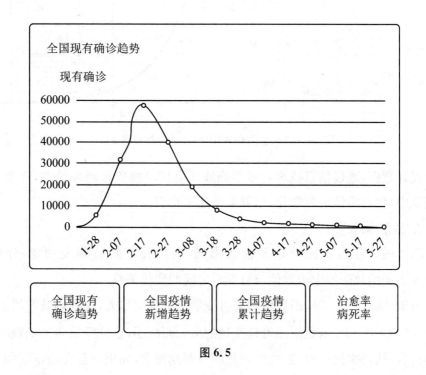

图 6.5

2. 抽象模型

通过观察,用几何画板模拟曲线,指导学生对 $f(x)=a^x$ 多次更换底部参数设置,发现函数 $f(x)=1.35^x$(图 6.6)与 $f(x)=0.48^x$(图 6.7)与疫情曲线最为契合,从而抽象出函数模型.

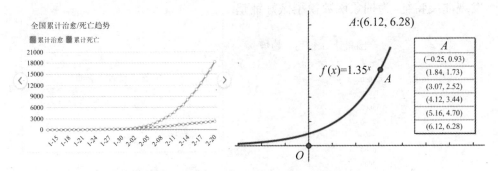

图 6.6　全国 COVID-19 曲线函数模型 1

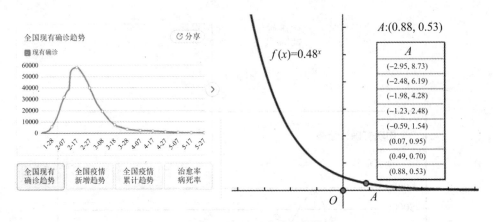

图 6.7　全国 COVID-19 曲线函数模型 2

设计意图:通过信息技术对疫情曲线反复试验抽象出函数模型,在动态几何直观中,将真实情境数学化,培养数学建模意识.

3. 揭示本质

为了进一步揭示函数单调性的内涵,利用几何画板制表功能,分析如图 6.8 所示函数图像中函数值与自变量之间的变化关系.

对于 $f(x)=1.35^x$,函数值随着自变量的增大而增大,这种函数叫增函数;对于 $f(x)=0.48^x$,函数值随着自变量的增大而减小,这种函数叫减函数. 通过数形结合,从特殊到一般,建构出函数的单调性概念:如果函数在给定区间上是增函数或减函数,那么称这种函数具有单调性,给定区间为单调增区间或单调减区间,简称为单调区间.

设计意图:利用信息技术呈现函数中的数量关系,使得函数单调性概念的

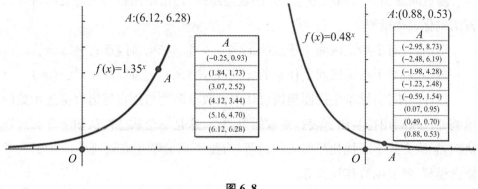

图 6.8

生成过程可视化,有利于函数单调性概念的理解与表达.

通过自然语言建构增函数与减函数的概念之后,引导学生通过小组合作讨论用符号语言刻画函数的单调性,这是本课题的学习难点.

为突破难点,可以通过"问题驱动＋动画演示"策略为学生创建思维脚手架.

问题 1:对于给定区间上的增函数,当自变量越大,函数值越大,如何用符号语言描述增函数的这种特征.

问题 2:对于给定区间上的减函数,当自变量越大,函数值越小,如何用符号语言描述减函数的这种特征.

动画演示:通过动画点的轨迹追踪,确定当 $x_1 < x_2$ 时,$f(x_1)$ 与 $f(x_2)$ 的大小关系(图 6.9).

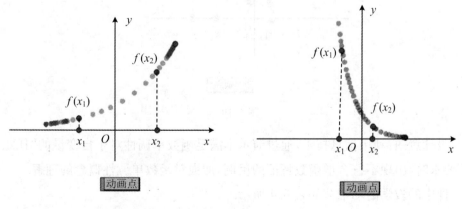

图 6.9

通过问题驱动与函数图像上点的轨迹跟踪,得出增函数与减函数的符号语言结构化表达模型.

增函数:对于给定区间上任意的 x_1 与 x_2,当 $x_1 < x_2$ 时,$f(x_1) < f(x_2)$;

减函数:对于给定区间上任意的 x_1 与 x_2,当 $x_1 < x_2$ 时,$f(x_1) > f(x_2)$.

设计意图:引导学生用图形语言认识函数单调性与用自然语言描述函数的单调性过渡到用符号语言表达函数的单调性,这是一个从感性认知上升到理性认知,思维方式不断优化与深入的过程,有助于培养学生获得更为一般的数学概念模型,发展函数建模素养.

教学过程中,为了深化函数单调性的理解,还需要进一步讨论单调区间上自变量 x_1 与 x_2 的任意性. 为此,设计问题3.

问题3:对于给定区间 D 上的函数 $y = f(x)$,若 $x_1 \in D$、$x_2 \in D$,且 $x_1 < x_2$ 时,有 $f(x_1) < f(x_2)$,那么该函数是增函数吗?

动画展示:如图6.10所示,如果给定区间上的自变量不满足任意性,那么可能存在两个变量 x_2, x_3,虽然满足 $x_3 < x_2$,但 $f(x_3) > f(x_2)$,不符合增函数的关键特征. 究其原因,是因为自变量没有满足"任意性"所致.

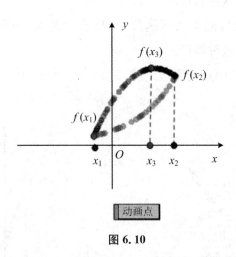

图 6.10

设计意图:利用信息技术,通过演示不满足函数单调性对于自变量的"任意性"要求时,出现不符合增函数特征的反例,加强对函数单调性概念的理解.

课中的教学活动细节如表6.4所示.

表 6.4 教学活动

教学环节	教师活动	学生活动	设计意图
情境 导入 (5 min)	根据疫情曲线提出问题：请说出新冠确诊病例与时间的变化关系	观察曲线走势，回答问题，用数学眼光看疫情曲线与几何特征	为学生提供必要的感性材料，学生在真实情境中学习容易产生代入感
抽象 模型 (8 min)	用指数函数模拟疫情曲线，指导学生对指数函数底部参数给予修订，抽象出函数图像模型	观察曲线拟合过程，利用几何画板做实验，改变参数设置，模拟出最契合的图像模型	几何画板的动态拟合过程，直观呈现函数单调性概念的"再造"
揭示 本质 (8 min)	指导学生使用几何画板轨迹追踪与数据制表功能，揭示函数单调性的变化规律	利用几何画板动态呈现数量关系，讨论函数单调性符号语言的结构化表达	信息技术融合，使得函数单调性概念的生成过程可视化，可加强函数单调性概念的理解
问题 解决 (14 min)	给学生端推送函数单调性高考真题，利用雨课堂APP的"学生视角"功能了解学生情况	在给定时间内解答"雨课堂"推送的学习任务，在"雨课堂"后台可收藏学习资源	通过高考真题回放与实战演练，提高问题解决能力与数学核心素养；实时测评，数据驱动，及时发现问题并调整教学策略
归纳 总结 (5 min)	引导学生归纳总结函数的单调性	用思维导图梳理出函数单调性的脉络	用"幕布"做思维导图，形成学习管理习惯

（三）课后

通过"雨课堂"APP 收集学习数据，针对性地推送函数单调性作业（部分选择题作业数据如图 6.11 所示）．

三、教学反思

（一）关于教学策略

通过信息技术创建基于真实问题的情境，创新数学概念教学活动，可避免知识与实际生活的高度分离，避免知识的刻板复制．充分利用信息技术，重构教学内容，优化知识的呈现形式，将抽象概念形象化、静态概念动态化，有利于深化数学概念的理解，揭示数学概念的本质．本案例创设的情境来自学生熟悉的

1.下列函数在定义域内为减函数的是 [单选题]
正确率：71.67%

选项
y=2x
y=-3x+2 (答案)
y=3x-1
y=x²

2.若y=x²-2x+3，则其递增区间是 [单选题]
正确率：60.83%

选项
(-∞, +∞)
(-∞, 1)
(1, +∞) (答案)
(-2, +∞)

3.已知 $y=\dfrac{1}{x}$，则下列结论正确的是 [单选题]
正确率：45.83%

选项
它在(-∞,+∞)上递增
它在(-∞,+∞)上递减
它在(-∞, 0)∪(0, +∞)上递减
它在(-∞, 0)和(0, +∞)上递减 (答案)

图 6.11

"生活事实"，不仅真实，而且有利于形成学生"面对公共危机，更加需要构建人类命运共同体"的价值观念. 如图 6.12 所示，函数单调性教学设计，通过信息化技术融合，实现静态概念动态化、抽象概念可视化的同时，创设了适合知识、学习者与社会需求的真实情境.

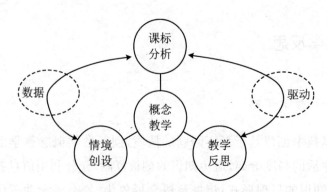

图 6.12　数据驱动下的概念教学策略

（二）关于学习主体

著名教育家杜威指出：没有过程的知识没有意义，获得知识的过程，是参与建构的过程．通过信息技术融合数学概念的学习，学生是函数单调性概念"再造"的积极建构者；基于信息化创建学习资源与数学实验，学生经历真实情境的数学化过程，从几何直观到数学抽象，从数学模型到符号语言的结构化表达，在教师引领下，学生围绕着具有挑战性的学习主题，全身心积极参与，获得的成功体验，体现了学习者为中心的新课标要求．

（三）关于学习评价

根据布鲁姆教育目标分类学原理，教学设计应该围绕"目标、教学、评价"三个维度展开，形成"学教评一致性"的教学设计原则．

从课前测与课后测的数据对比看，学习目标的达成度较好．课前，只有 32.47% 的学生正确回答函数 $f(x)=-x^2$ 的几何特征（图 6.2）；课后，60.83% 的学生能正确解答更复杂的函数 $f(x)=x^2-2x+3$ 的函数单调区间（图 6.13），学生的认知增量将近 50%．课前，对给出的函数 $f(x)=\dfrac{1}{x}$，在比较 $f(-2)$ 与 $f(-3)$ 的大小关系时，只有 40.26% 的学生通过计算正确比较大小（图 6.3）；课后，45.83% 的学生能根据函数单调性概念规范表达该函数的单调

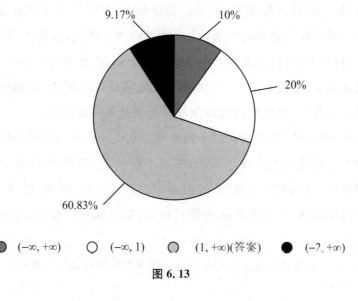

图 6.13

区间(图6.14),虽然前后增量只有5%,但是后者的难度更大.前后比对发现,本案例的信息技术策略,对实现学教评一致性具有借鉴意义.

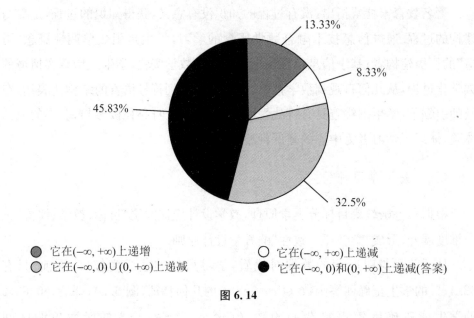

图6.14

【评析】 本案例一开始对于数学概念的性质进行了简要的陈述,这是基于数学概念课的深入思考,也是对数学课程标准前言部分关于数学课程性质与课程任务以及课程实施做出的回应.在新时代背景下,知识和信息化静为动,分布式蕴含于动态的社会情境中,其表现形式不断变化,内涵不断丰富,获取与传递方式越来越广泛,总体呈现出动态性、复杂性、多样性和共享性特点[①].函数单调性的学习具有跨科融合的特点,信息技术的快速迭代,给跨越学科创设真实情境、创新课堂教学、提高教学效率带来了极大机遇.智慧课堂环境下基于教育信息化技术融合,创设真实的问题情境,将抽象知识可视化、静态知识动态化,师生协作共建资源,是数学概念教学与深度学习的有效策略.

"函数的单调性"教学设计以单调性概念生成为明线,以数学核心素养的发展和提升为暗线进行教学设计.从课前测了解学情、课标分析、教材分析出发,确定学习目标,做到有理有据.通过问题串的设计突出"单调性"这一概念生成的过程性与层次性,设计采取从具体到抽象、从特殊到一般、从感性到理性、从

---

① 欧阳慧玲.广东省教育信息化融合创新应用典型案例探析[J].教育信息技术,2021(11):34-37.

图形语言到自然语言再到符号语言的逻辑顺序,层层递进、步步为营地帮助学生实现从感性认识到理性认识的飞跃,符合学生的认知规律.尤其是借助几何直观与数据制表,实现从"形"到"数"的转换,突破了单调性符号语言的组织与表述的难点,为后续研究函数的奇偶性、周期性等函数性质的学习提供了思想与方法.该课例设计始终体现了以学习者为中心的教学理念,凸显了数学学科特征.充分利用信息技术融合,通过课前测与课后测数据对比,用数据实施增值性评价是该课例的一个亮点.

通过直观识图、几何画板数学实验,学生获得的只是一种直观感受,这时候的函数单调性的概念,还是个体的认知,不同的学习者存在认知差异:有的学生看到了外在属性——曲线的升降,有的学生看到了其内在的本质属性——函数值与自变量的变化关系,有的学生看到了图像单一的变化趋势,有的学生则看到函数值的改变.这时,我们借助概念、通过命名来确定所见所想的共同特质:用精练的语言对单调性概念下定义,从而便于普适性交流.这是由抽象的"知识"转化为含有学生素养发展目标的"教学内容";由"教学内容"转化为学生可以操作的具体教学材料.在这个过程中,知识真正成为学生能够观察、思考、探索、操作的对象,成为学生活动的客体,学生成为教学的主体.

案例4 多边形面积[①]

一、基于结构化主题进行单元整体分析

课标将"数与代数""图形与几何""统计与概率"在第一至第三学段整合为"数与运算""数量关系""图形的认识与测量""图形的位置与运动""数据分类""数据的收集、整理与表达""随机现象发生的可能性"7个主题,与第四学段相应的主题共同构成数学学科的结构化主题."综合与实践"以跨学科主题学习为

[①] 马鹏远. 关注学科本质　指向核心素养——如何进行小学数学结构化主题的单元教学设计[R]. 中国教育报,2022-09-02.

主. 内容的结构化主题使得具有相同本质的内容建立关联,有利于将碎片化的知识进行整合,整体理解学习内容,有助于实现知识与方法的迁移.

反映学习主题本质的核心概念是建立这些内容之间关联的桥梁和纽带,因此,单元整体教学首先应以核心概念为线索对单元内容进行整体分析,包括单元内容本质分析、学生学习分析、核心概念的提炼以及系列单元的梳理等.

(一)分析内容本质,提炼核心概念

依据单元内容所属的学习主题,理解内容的学科本质,厘清体现学科本质的核心概念,是理解相关知识与方法关联、整体把握单元和系列单元的基础.

"多边形面积"是小学五年级上学期的一个单元,主要内容包括平行四边形、三角形、梯形的面积,面积单位换算,组合图形,不规则图形面积等. 该单元内容属于"图形的认识与测量"主题,主要内容是一维、二维、三维几何图形的特征及其测量. 图形的特征是认识点、线、面、角的特点、性质及其关系,如平行四边形有四条边、四个角,相对的边平行且相等. 图形的测量是对图形大小的度量. 图形特征的认识与图形测量密切相关,三角形内角和是180°需要测量,平行四边形两组对边相等也要测量(到中学可以通过证明获得). 图形测量的本质是确定图形的大小,确定图形的大小需要度量单位,一维、二维、三维图形分别要用长度、面积和体积单位测量. "多边形面积"单元重点是平行四边形、三角形、梯形面积的测量,体现其本质的核心概念有面积、面积单位、面积单位的个数等.

(二)分析学情,认清学生基础

学情分析的重点是分析学生已有经验与学习内容之间的关系,为找到教学起点、设计恰当的情境做准备.

五年级的学生对什么是面积、面积单位的意义、探索长方形面积的方法(数方格)和长方形面积计算公式已经掌握,为学习多边形面积打下基础. 同时,长方形面积的计算方法也可能对平行四边形面积学习有干扰作用.

(三) 分析相关联内容，梳理系列单元

在单元内容学科本质分析的基础上，要梳理与本单元内容相关联的知识与方法，沟通前后知识与方法之间的联系，形成与本单元学科本质一致的系列单元. 系列单元可以是与本单元相近的单元，也可以是分散在不同年级的学习单元. 系列单元体现该主题相关内容的学习进阶，共同构成单元整体教学的网络结构.

在多边形面积单元中，面积与面积单位、长方形面积计算是三至四年级学习的内容，是这一内容学习的基础和准备. 周长是一维图形的测量，与面积测量本质上具有一致性. 后续学习的圆的面积等是其发展和延伸，要将这些分散在不同单元、有关联的内容作为整体上的系列单元.

二、明确指向学科核心素养的教学目标

要在整体分析单元内容的基础上，确立指向核心素养的教学目标，将课标中"内容要求""学业要求""学业质量"作为制定教学目标的参照. 在单元内容整体分析的基础上，从知识技能、核心概念与方法、情感态度价值观等方面表述教学目标，最终指向核心素养.

多边形面积单元涉及图形与几何的基础知识和技能，与图形度量、转换等基本思想和方法相关，可以在实际的操作活动中积累活动经验. 学习过程中需要学生保持认真严谨的态度和求真求实的精神等. 第三学段相关的内容要求和学业要求是"知道面积单位有平方千米、公顷；探索并掌握平行四边形、三角形和梯形的面积计算公式；会估算不规则图形的面积""会计算平行四边形、三角形、梯形的面积，能用相应公式解决实际问题". 学业质量的相关要求是"能认识常见的立体图形和平面图形，计算图形的周长、面积（或表面积）、体积，能描述图形的位置和运动，形成量感、空间观念和几何直观". 基于上述分析，可以这样来确定多边形面积的单元目标和课时目标.

单元目标如下：

（1）会计算平行四边形、三角形、梯形面积；

（2）运用面积单位或转化的方法探索平行四边形、三角形、梯形面积的计算方法；

(3) 在数学运算中养成严谨求实的学习态度;

(4) 能运用平面图形面积公式解决问题;

(5) 形成量感、空间观念和几何直观.

不同课时会有不同的具体目标,如三角形面积、梯形面积在平行四边形面积学习的基础上,重点是运用转化的方法自主探索面积计算方法. 不规则图形面积的要求是"会",目标表述会降低. 根据上位目标,具体到平行四边形面积的课时目标,重点依然是用转化的方法自主探索面积计算方法.

课时目标(平行四边形面积)如下:

(1) 会计算平行四边形面积;

(2) 运用面积单位或转化的方法探索平行四边形面积的计算方法;

(3) 在数学运算中养成严谨求实的学习态度;

(4) 在平行四边形面积计算中形成量感、空间观念和几何直观.

三、设计体现知识与方法迁移的教学活动

教学活动的设计与实施是课堂教学的具体呈现,上述内容分析的要点和教学目标要体现在具体的教学活动之中.

多边形面积单元中,平行四边形面积和组合图形面积内容的重要性和目标要求层次不同,教学活动的设计与组织也会有差异. 在这些内容中,有少量的几个是单元学习的重点,甚至是主题的系列单元的重点,这样内容的设计尤为重要.

关于平行四边形面积作为重点学习的内容,教学活动的设计要依据课程标准的教学理念,指向核心素养导向的教学目标,参考相关的教学提示和教学建议. 与本单元相关的教学提示是:"引导学生运用转化的思想,推导平行四边形、三角形、梯形、圆等平面图形的面积公式,形成空间观念和推理意识."这里强调运用转化的思想,是基于学生已经学习了面积、面积单位以及长方形面积计算,在此基础上通过转化实现知识与方法的迁移,是教学中可以考虑的方式. 具体的教学应把握好以下四个要点.

(一) 设计开放的问题情境,进行数学情境转化

学生的学习源于对真实问题的思考,教师应通过开放性的问题情境引导学

生进入学习状态.比如:校园中有一块草坪,画在纸上是一个平行四边形,怎样知道这个平行四边形的面积?用什么方法计算它的面积?每人发一张印有同样的平行四边形的作业纸,这样,从校园的草坪到纸上的平行四边形是图形的抽象,也是实际情境到数学情境的转化.

(二)启发学生独立思考,提出问题解决方案

启发学生提出自己的解决办法.学生首先量出平行四边形两条相邻边的长度,比如是 8 cm 和 5 cm.长度测量是必需的数学活动,只有知道边的长度,才能进一步测量面积,这也是学生对量感的体验.通过独立思考,学生可能会得出 40 cm^2、32 cm^2 和 26 cm^2 三种典型答案.讨论:为什么会有3个不同的答案?能否解释面积的计算过程,将平行四边形面积转化为矩形面积从而得出正确答案?

(三)引导学生质疑交流,得出正确的答案

课堂上选择给出正确答案的学生来解释,也可以从错误的答案入手,既可以只解释正确的答案,也可以两者都做出解释.一个学生解释自己答案的过程,也是全体学生学习的过程.得出 26 cm^2 的学生在解释的过程中会发现自己算的是周长而不是面积;得出 40 cm^2 的学生显然是受到长方形面积计算的干扰;得出 32 cm^2 的学生用到了转化的方法,将平行四边形转化成长方形,得出底乘以高的方法.要说明 40 cm^2 不对,可能还要回到面积的基本概念,就是有多少个面积单位,用数方格的方法检验正误,这也回到测量面积的本质,用核心概念解决问题.可以尝试推演不同的交流活动,引导学生确认正确的答案,摒弃不正确的答案.

(四)实时评价与反思,激发学生学习动力

教学活动中的评价是随时发生的,独立提出自己的答案(不论对错)既反映了学习的态度,也体现了对问题的思考过程.对不同答案的论证或质疑,同样是考查学习过程的表现.懂得认真倾听别人的想法也是很好的学习过程.常用的评价还包括设计恰当的课堂练习,检验学生对知识与方法的掌握.反思一般在一节课结束之后进行,也可能发生在教学活动之中.根据学生课堂中的表现,随时调整原有的教学设计,以适应学生的学习(这种随时的反思和调整需要教师

具有相当高的教学能力和丰富的专业经验).

【评析】 基于内容结构化的单元整体教学需要一个完整的教学设计与实施框架,体现对课程标准的基本理解,助力实现新课程的理念与目标.在实际教学活动中,有效地选择和运用单元整体教学等教学方式,应当深入理解和把握课程标准的理念与目标,理解课程内容各主题的本质特征,弄清知识之间的关联,从整体上分析单元内容,在关键内容的教学上下工夫.

多边形面积的大单元设计,注重学科理解、构建学生发展的教学改进框架,其基本要素是以教材单元为基本学习单位,以结构化学习主题的核心概念为线索,整体分析学习内容,确定指向核心素养的教学目标;以单元中的关键内容——平行四边形面积为重点设计样例,以点带面实施大单元教学活动.

案例5 一个简化的等周问题[①]

【问题来源】 用一条长为 10 cm 的绳子,如何围成面积最大的矩形?

【问题分析】 这是一个以等周定理为背景的简化的等周问题,可以通过数学实验,获得一类问题解决策略.

【设计理念】 数学实验创设教学情境是启发学生思维的重要途径和有效手段,也是培养学生直观想象、数学建模与数学运算的有效方法.

【学习目标】 借助几何画板动画追踪与数据制表功能,探究给定周长的矩形的面积最大值问题.

【学习活动】 几何画板绘制周长不变的矩形,将实验数据编制成表格,使得数据可视化,并将度量面积大小与矩形上动点坐标相对应.

【学习任务】 创建以矩形边长为横坐标,矩形面积为纵坐标的点,追踪该点的运动轨迹,观察实验数据并确定何时矩形面积最大.

【学习过程】

(1) 打开几何画板,创建直角坐标系.

---

① 杨宏英.一个简化的等周问题.深圳市中小学微课作品一等奖.2015(10).编号:SZJY20160312738.

(2) 绘制一条 5 cm 长的线段 ED,并在线段 ED 上任选一点 A.

(3) 以 A 为旋转中心将线段 AE 逆时针旋转 90°得到线段 AB.

(4) 度量线段 AB,将线段 AD 平移 AB 的长度单位,得线段 BC,连接 CD,得符合条件的矩形 ABCD,也即所绘制的矩形 ABCD 是周长为 10 cm 的矩形.

(5) 构造矩形的内部,度量矩形的周长与面积,制表,创建动点 A 的动画按钮,点击动画按钮,双击表格,就可以得到源源不断的数据.表格中,周长始终不变,面积随着动点 A 的变化而变化.

(6) 再以矩形一边 AB 的长为横坐标,矩形的面积为纵坐标绘制点 P,可得点 P 的轨迹为如图 6.15 所示开口朝下的抛物线.

(7) 实验数据显示,当点 P 运动到抛物线的顶点时,矩形的面积最大,此时矩形 ABCD 为正方形(图 6.16).

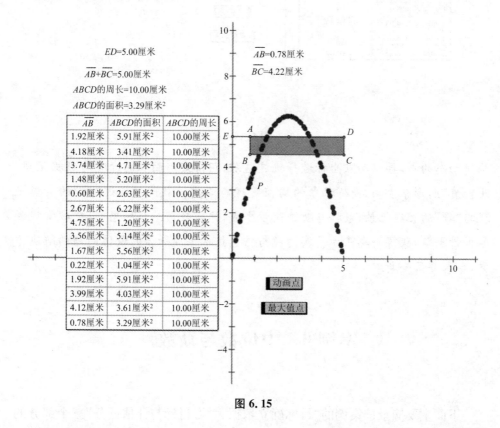

图 6.15

【评析】 矩形面积最值问题,可用均值定理求解,也可表现为二次函数最值问题,对培养学生数学建模、数学运算以及逻辑推理素养具有典型意义.通过几何画板创建给定条件的矩形,以矩形的一边为横坐标,矩形的面积为纵坐标

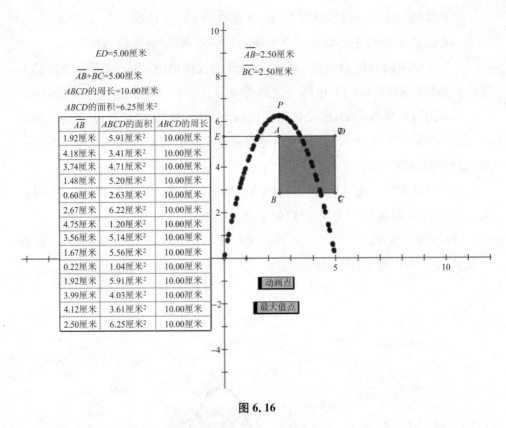

图 6.16

构建动态的点,再以动点坐标进行轨迹追踪,获得矩形面积的度量与数据呈现,几何直观,形象生动,使得抽象的均值定理与二次函数问题通过"形"的直观呈现与"数"的客观记录,数据与轨迹同步生成,体现数形结合的思想,突破常规教学设计思路,获得一类基于真实情境与信息技术深度融合的最值问题的解决方案,令人耳目一新.

案例6 中位数与众数[①]

下面主要摘录该案例的"目标确立依据、学习目标与评估任务"三个部分的教学设计,"教学流程"部分略去.

---

① 呼宝珍."国培计划"示范课[Z].抚州:南丰一中,2019.

一、目标确立依据

(一)课标分析

内容要求:理解平均数的意义,能计算中位数、众数、加权平均数,了解它们是数据集中趋势的描述.

教学提示[①]:抽样与数据分析的教学,应当以现实生活中的实例为背景,引导学生通过对实际问题中数据的整理与分析,认识数据的数字特征各自的意义与功能,理解中位数与众数如何刻画数据的集中趋势(本书增加2022版义务教育数学课程标准的教学提示,旨在更好地将课标对本课题教学的建议与执教者的设计思路做对比分析).

(二)课标解读

1. 学什么

本节课学生学习中位数与众数的意义,计算中位数和众数以及它们在生活中的应用.其中,中位数与众数的意义包括其引入的必要性和含义.

2. 学到什么程度

首先,能计算中位数和众数,这里的"能计算"包括三方面的含义:一是能理解引入中位数与众数的必要性;二是能理解中位数与众数的概念的意义;三是能正确计算中位数与众数,体会中位数与众数的价值.

其次,了解中位数与众数是数据集中趋势的描述,是指学生能用语言描述出"中位数是反映一组数据集中趋势的位置代表""众数是一组数据中出现次数最多的数据",并能结合生活实例,分析数据信息,做出自己的决策.

3. 怎么学

教师有意识地创设生活情境,让学生在"想一想、说一说、找一找"等活动中,理解中位数与众数的意义,掌握中位数与众数的计算方法,了解它们是数据集中趋势的描述.

[①] 中华人民共和国教育部. 义务教育数学课程标准[M]. 北京:北京师范大学出版社,2022.

(三) 教材分析

"中位数与众数"是人民教育出版社出版的《数学》(八年级)第二十章"数据分析"第二节的内容,是学生在认识、理解、会求"加权平均数"的基础上进一步学习的内容.本节课主要让学生认识数据统计中两个数据代表,也是学生学会分析数据、做出决策的基础.

学生理解、掌握数学概念,一般需要经历"感知、抽象、符号表征、应用"等一系列认知过程.为了达成课标遵循学生学习的认知规律这一要求,教材设置了4个问题情境.

情境一是借助某公司员工的月收入报表,通过两个问题引领学生思考,感受平均数的局限性,凸显引入中位数与众数的必要性,理解、体会中位数的意义.

情境二是"做一做",教材选择马拉松比赛中12位选手所用时间为样本,让学生在整理数据的过程中,理解中位数的概念,掌握中位数的求法,感受中位数在生活中的应用.

情境三是依托公司员工收入报表中出现次数最多的数据,让学生感知、理解众数的意义,并借助生活中的销售实例,让学生通过观察、辨析,给出自己的进货建议,体会众数与生活息息相关.

情境四是引导学生观察生活中某商场服装部门每位营业员的月销售额,分析、思考、整理数据,感受不同数据代表的意义和各自的局限性.

(四) 学情分析

为把握学生学习新知的起点,执教这节课前,对当地一所学校八年级(2)班的42名学生,进行了相关知识的前测(说明:本课例是执教者异地授课).

【前测内容】

(1) 说说你理解的中位数与众数;

(2) 找出下列三组数据的中位数与众数:
① 7,2,3,6,8;② 5,6,2,4,3,5;③ 2,2,3,3,4.

(3) 某鞋店一段时间内女鞋销售情况如下表:

尺码/cm	22	22.5	23	23.5	24	24.5	25
销售/双	1	2	5	11	7	3	1

请你根据上面的数据信息,提出自己的进货建议.

测试情况分析：

项目	中位数与众数的定义	计算中位数与众数	数据分析与决策
正确率	53%的学生能根据"中位数"的字面意思,说出"中间位置的数"是中位数;72%的学生知道"出现最多的数"是"众数"	54%的学生能准确找出奇数个数据中的中位数;63%的学生能找出只有一个众数时的众数.75%的学生对偶数个数据,不会求中位数;83%的学生对于出现两个以上的众数,不知道如何处理	64%的学生能结合现实情境做出分析,并做出自己的决策

从课堂前测的结果看,虽然部分学生能说出"处于中间位置的数是中位数",但是多数学生并不知道"先排序、再找中位数"的方法,尤其是当一组数据是偶数个时,75%的学生不知道中间两个数的平均数是中位数;当出现两个以上众数时,83%的学生不知道如何处理.为此,中位数与众数的定义与求法,是本节课教学的重点.

新课标明确指出,在设计一些新知的学习活动时,要展现"知识背景—知识形成—揭示联系"的过程.为此,在数学概念课的教学中,要让学生经历数学概念本质特征的抽象过程,使学生有机会通过自己的观察与思考,从具体的事例中抽象出概念的本质特征,进而获得概念.为此,采用问题串导引、概念分步呈现的方式,并运用"自主探究、合作交流"等方法,让学生在观察、分析、研讨等活动中,经历数学概念抽象形成的过程.

二、学习目标

(1) 借助一组极端数据和问题串,能发现平均数的局限性和中位数引入的必要性,能用自己的语言描述出"中位数"的定义,会正确求出一组数的中位数;

(2) 结合生活情境,能用语言表述出"众数"的定义,并能正确找出一组数据中的众数;

(3) 给定鞋子尺码等数据信息,在正确分析数据信息的基础上,做出自己的决策,并能用语言描述出"中位数与众数"所反映的数据集中趋势.

三、评估任务

(1) 能准确表述出中位数的定义,会正确求出一组数据的中位数(对应目标 1);

(2) 结合生活情境能描述出众数的意义,会正确求出一组数据的众数(对应目标 2);

(3) 能对一组数据做出分析,并给出自己的建议(对应目标 3).

【评析】 教学设计的灵魂是学习目标."中位数与众数"课例从课标解读到教材分析、再到学情分析,给出了确立学习目标所做的前期准备.课标分析与解读,是为了更好地将课题学习建立在课程标准的基础上展开,一方面体现以学习者为中心的教学理念,另一方面确立学习的"量、度、法",也即"学什么、学到什么程度、怎么学",体现出教学设计的技术性要求与课标要求.教材分析时能深入解剖教材四个问题情境的真实意图.学情分析过程中,遵照课标要求与教材编写知识脉络设计了对应的前测问题,为教学起点提供精准依据.特别值得肯定的是执教者的情境创设,与最新版课标的"教学提示"高度契合,"评估任务"则与"学习目标"形成对应关系,在教学过程中遵循了第三章阐述的"学教评一致性"黄金备课法则.

整个教学设计都站在学生主体视角,但在学习目标的设置上主要关注学习内容与学习方法两个维度,未能有明确的学科核心素养指向,尤其是学习过程中应有的必备品格与价值观念未能得到应有关注,致使学习目标不够饱满,核心素养要求中关于"人的情感体验与价值观念"有所欠缺.

案例 7 等腰三角形的判定

该案例节选自某地一线教师数学征文,作者以人民教育出版社出版的《数学》(八年级)中"13.3.1 节第 2 课时等腰三角形的判定"为例,给出了从课标命题分析、教学过程展示、教学思考改进三个方面来阐述教学设计.

本书仅对该案例的教学课标解读与教学导入以及教学反思部分给予评析.

一、课标解读与命题趋势

等腰三角形的判定是将三角形中角的关系转化为边的关系的一个重要途径,也是证明线段相等的重要方法,在中考题型中也常见等腰三角形与其他知识点的融合.结合目前中考命题呈实践性、开放性、探究性、创新性的趋势,在教学时可以注重发挥学生的主体地位,引导学生通过画图操作、观察、思考,注意探索发现与演绎推理的有机结合,将知识点与考点无缝衔接,在高效完成教学目标的同时有利于优化学生的思维、锻炼学生的探究能力.

等腰三角形是在轴对称这一大单元的体系下,对轴对称的升华和探索.等腰三角形的研究方法为"定义—性质—判定",使得本节课既是学习新知,又是对已有研究方式的应用,为接下去等边三角形以及其他几何图形的学习提供类比依据.

基于以上分析,结合新课程标准以学生为本的指导思想,本课题的教学目标为:

(1) 学生自主探究、发现并论证等腰三角形的判定方法;

(2) 学生能应用等腰三角形的判定进行证明和计算并会类比迁移.

【评析】 2022 年版义务教育数学课程新课标对"等腰三角形课题学习"的内容要求是:理解等腰三角形的概念,探索并证明等腰三角形的性质定理:等腰三角形的两个底角相等;底边上的高线、中线及顶角平分线重合;探索并掌握等腰三角形的判定定理;探索等边三角形的性质定理和判定定理.作者在课标解读部分没有直接回应内容要求,而是指出等腰三角形的研究方法:"定义—性质—判定"的逻辑呈现,使得本节课既是学习新知,又是对已有研究方式的应用,为接下去等边三角形以及其他几何图形的学习提供类比依据.将等腰三角形的研究方法与课标学业要求对比发现,两者相互融合、相互联系,作者的课标解读更像是做教材分析.

学习目标第一条"学生自主探究、发现并论证等腰三角形的判定方法"回应了课标的内容要求"探索等腰三角形的判定定理";学习目标第二条"学生能应用等腰三角形的判定进行证明和计算并会类比迁移"回应了"掌握等腰三角形的判定定理".虽然学习目标的确立充分考虑了学习主体地位与中考命题趋势特点,但由于缺乏学情分析,学习目标达成度不易测评.

二、教学示例与画图引入

（一）本末倒置促生成——"用"以致"学"

【课前布置】 在等腰△ABC中,AB=AC,倘若不留神,它的一部分被墨水污染了,只留下一条底边BC和一个底角∠C(图6.17),请问:你有没有办法把原来的等腰三角形画出来?

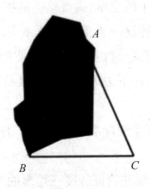

图 6.17

【设计思路】 问题情境来源于"等腰三角形的判定"这一课时例3的改编,属于判定定理的应用.但大部分老师在判定定理论证完毕再配套巩固练习后,课时已经差不多结束,来不及进行画图的应用.这里,如此设置既给予学生充足的思考空间,又不占用课堂时间,还解决了无法进行画图应用的缺憾,可谓一箭三雕.

【学生展示】

方法1:画BC边上的垂直平分线,与∠C的一边相交得到顶点A.

方法2:量出∠C度数,画出∠B=∠C,∠B与∠C的边相交得到顶点A.

分析:因为点A在线段垂直平分线上,由线段的垂直平分线性质我们得到AB=AC,所以△ABC为等腰三角形.故方法1是正确的.对于方法2,观察学生画图的方法,发现画图的依据是在条件∠B=∠C下,考察线段AB和AC是否相等?

【设计思路】 方法1对应上节课轴对称图形的知识点,有效考查学生对已学知识的掌握情况;方法2对应新授的知识点,利用问题情境使学生将实际问题转化为数学模型,激发学生的学习兴趣.两种方法既承上启下又融合呼应.

进一步追问:需要论证吗?怎么论证?引导学生写出已知、求证并证明.

【评析】 "用"以致"学"导入,巧妙地将等腰三角形的性质定理与判定定理融合在一个缺损的几何图形之中,这样的教学任务设计,与新课标"在直观理解和掌握图形与集合基本事实的基础上,经历得到和验证数学结论的过程以及尺规作图的过程,增强动手能力"的学业要求高度一致,是建立在追求理解的逆向教学设计理念之上,这个导入自然合理,是该课例的一大亮点.

(二)略

三、教学反思与教学改进

(一)以生为本,找准教学着力点

本节课类比几何图形的研究方法,在判定定理的教学过程中,首先利用画图还原等腰三角形契机,让学生体会学习"等角对等边"的迫切性和必要性,注重实用目的,再引导学生探究等腰三角形判定的证明方法,并发散思维、打破传统,尝试从不可能的角度来证明,优化学生思维的同时培养学生刨根问底的质疑精神,发展了严谨规范的逻辑推理能力.整节课围绕以生为本的教学理念,因学生的需求而设计,顺学生的思维而布疑,应学生的发展而拓展,让学生在层层升华中提升数学素养.

(二)优化思维,重视高效课堂生成

本课时承载的数学思维可以具体化为数学推理思维,它的发展贯穿于本节课的各个环节中.通过整合、重构例3的引入方式显得简单实用又意味深长,通过自主探究发展了学生的类比推理和归纳推理能力,采用多种论证方式提升了学生演绎推理能力.最后教材例2的应用,更是对平行线、角平分线、等腰三角形知识体系的串联和完善.整个教学过程中都落实了三种语言的转换和表述,重视课本例题的衔接、应用与衍生.让数学的智慧充满整个教学过程,让数学的价值流淌于师生的心间.

(三) 提升境界,反思小结增值

课堂小结不仅仅是问学生学习了什么,而是应该了解学生掌握了什么,能应用本节课的知识解决什么问题.其次,课堂的小结并不意味课堂的结束,相反如何进行课堂的延伸才是至关重要的.课后巩固训练不在于"多",而在于"精"和"贴",一定要紧扣课堂教学内容,张弛有度,这样才能使教学目标不流于形式,真正检验教学成果.

结语:初中数学优化学生思维的课堂创建最关键的点在于适合.适合的课堂教学策略既是衔接学生已有基础与高层次思维的桥梁,也是搭建数学教学与数学素养融合的平台.一节好的数学课不仅要牢牢把握数学的实用价值,高效优化学生思维,揭示数学学科本质,还要渗透数学思想方法,积累数学活动经验,发展数学核心素养,教会学生以数学为工具促进全面学习.

【评析】 为学习中心而进行的教学设计,重视课堂的高效生成,为义务教育阶段"双减"提质增效,契合核心素养视域下的备课新思维要求,既体现了学科本质,又体现了学科育人价值.

案例8 分段函数的应用[①]

问题:为了预防"登革热",新城学校对教室采用药熏消毒灭蚊.据监测,药物燃烧时,室内每立方米空气中药物含量 y(毫克)与时间 x(分钟)成正比;药物燃烧完后,室内每立方米空气中药物含量 y(毫克)与时间 x(分钟)成反比(图6.18).现测得药物于8分钟后燃烧完毕,此时教室内每立方米空气中药物含量为6毫克.(1)求 y 与 x 的函数关系式;(2)当空气中药物含量不超过2毫克方可入内,试问:在什么时段内,学生不可进入教室?

---

① 杨宏英.深圳市疫情期间"名师在线"示范课.广东深圳,2022-03-16.

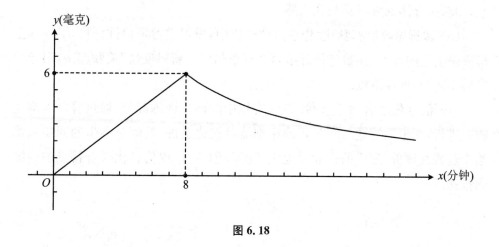

图 6.18

一、基本信息

教材版本:《数学》基础模块(上册),高等教育出版社出版.
教学形式:在线教学;授课平台:腾讯课堂.
授课对象:中职一年级学生;上课时长:30分钟.
说明:疫情期间在线教学单节课时要求不超过 30 分钟.

二、教学设计

(一)设计思路

基于数学核心素养视野与问题为导向的教学设计,聚焦分段函数的关系、结构与模型.

(1)生活中的数学问题. 创设一个关于校园为预防"登革热"的消毒灭蚊真实情境,涉及教室在药熏消毒过程中,药物燃烧前后空气中药物含量的变化,将生活中的数学问题,通过阅读、发现、分析,数形结合,用分段函数进行描述处理,基于"数学抽象""函数建模""数学运算"的数学核心素养视角,展示数学来源于生活,又高于生活,服务于生活的特质.

(2)学习者为中心. 以学情为出发点,处处以学生为中心,创设真实情境,以发现问题、剖析问题、解决问题的逻辑主线,让学生在互动中展开学习与探索,力求充分体现参与感与代入感.

(3) 课程思政潜移默化. 作业点评过程中,设置学习增值性评价,引导学生形成做笔记的习惯;函数建模环节,将"登革热"与"新冠疫情"关联起来,引导大家科学防护,理性抗疫.

(4) 信息化融合教学评价. 教学过程中的同步训练部分,通过答题卡推送方式进行,学生的答题时间与正确率都能可视化呈现,教师对学生的同步训练给予过程性评价. 最后的作业以充满美感与创意,体现信息化融合特点的二维码推送.

(二) 学情分析

(1) 不同专业不同班级的 160 位学生,经历了本学期四周的云课堂,适应了大班制远程学习方式.

(2) 课前监测数据显示有 65% 的学生能较好地完成函数图像解读,41% 的学生对函数定性分析存在问题.

(3) 学生中有三分之一左右的学生,学习专注,积极分享,乐于表达,能带动学习活动的有效开展.

三、内容分析

(1) 蕴含在现实生活中的分段函数,不露声色,却又无处不在. 分段函数是重要的函数模型,如税收问题、的士计费问题、水电燃气收费问题、服药后人体血液中药物浓度随时间增加或衰退问题等,都与分段函数模型有关.

(2) 分段函数是高考题中常见题型,也是学生容易上手却又容易丢分的题型. 本课题选材于贴近学生校园生活,在预防"登革热"过程中带来的教室空气药物含量问题,具有代入感,容易与新冠疫情防控措施产生关联与共情.

四、学习目标

(1) 通过文字阅读,确立关键词,寻找并表达真实场景中的数学信息,培养数学洞察能力与共情能力.

(2) 在信息获取过程中,进行数学抽象,探索函数模型的建立,培养数学分析能力与理性精神.

(3) 根据数据分析,完成分段函数的结构化表达,培养数学表达能力与规范、良好的书写习惯.

五、教学反思

(1) 只给条件,开放问题. 将问题情境投放给学生后,如果请学生自己设计问题,那么将会更加精彩但也可能充满风险. 因为这意味着将问题"抛锚"的形式呈现给学生,由学生收集信息,提出问题或定义问题,分析问题,探索问题的解决方案. 问题变得更加多元而开放,学习也因此变得更加深入,思维变得更加综合与复杂,过程变得更加动态而需要探究与建构. 但这样做很有价值,其意义在于:教师给学生搭建了一个脚手架,然后将脚手架交于学生去寻找突破口,利用学习者的经验来创造意义与结果,给学习者对现实世界的理解以表达的机会,去探索实际情境中存在的问题或需要解决的问题.

(2) 将条件中的反比例函数改为指数函数,思维形式更加丰富,思维品质更加高阶,解题过程将涉及指数函数的单调性.

(3) 让学生模拟情境命题,如家居装修带来的空气质量问题、人体服药后血液中的药物含量问题等,从而通过问题驱动带来项目化学习.

【评析】 从形式上看,该课例适合项目化学习,有来自现实世界的驱动性问题,有问题解决方案. 但是该问题是良性结构的封闭性问题,不具有开放性特点,学生也仅仅是针对图形建立函数模型,缺乏项目学习最关键的特质:有指向核心知识的再建构,创作新的意义与知识,形成新的概念并在新的情境中进行探索与迁移.

【启示】 我们追求数学知识与能力的真实性,数学思维的真实性,才能获得真实的项目化学习,因此,可以通过将问题进行"良改非",也即将良性结构问题改为非良性结构问题,实现项目情境的开放与条件的弱化,将问题探究落实在持续的学习实践中,使得问题更有深度、更有质量.

【改造】 将问题信息做减法,创设真实的驱动型问题:在广东地区,每年7~10月期间,蚊虫肆虐,是"登革热"的高发季节. 为了预防"登革热",要对深圳某小区进行消毒灭蚊,请为该小区设计一个灭蚊方案.

下面从创设情境提出问题、鉴定问题分析问题、探究问题解决问题以及展示结果和成果汇总四个方面呈现改造方案.

（一）创设情境，提出问题

某小区有大量的蚊子，这些蚊子困扰着小区居民.小区业委会要求物业中心赶紧处理该问题，以保证小区住户的健康.你作为环保专家应邀带领一个专家组前往调查，要求你提出灭蚊方案，并且在小区业委会会议上做方案陈述.

（二）鉴定问题，分析问题

分析导致蚊子过多的原因，把收集和分析所得到的信息填入表6.5中.

表 6.5 "蚊子问题"分析表

已知信息	提出问题	问题思考
蚊子能飞48到64千米远 今年降雨量正常 春夏季节引发蚊子繁殖力增强	蚊子快速繁殖的条件是什么？ 最近污水排放方式有没有发生变化？	小区是否有大量长期滞留的水域？ 可能蚊子发生了变异，或已适应喷洒的农药？

让学生界定问题的陈述：要使小区的蚊子数量减少，我们要进行以下工作：一要考虑环境的影响，也即将蚊子对环境的适应性、生物多样性、小区的人口数量纳入问题分析要素；二要思考如何降低这种蚊子对人们健康的危害？三要如何防止蚊子再次泛滥？四要考虑"消毒灭蚊"产生的经费.

（三）探究问题，解决问题

教师给学生提供一些与该问题有关的资源，如网站、文献、相关专家和技术人员的联系方式等等（图6.19，图6.20），通过资源分析蚊子分布密度与风险评估数据.学生一般3~5个人为一个小组，在线查阅资料，然后小组成员一起讨论：蚊子种类、小区消毒灭蚊的措施、小区内植被面积、垃圾分类等相关问题，并提供表格，根据整理好的资料，提出解决问题的可能办法与策略，陈述方案的优点、缺点以及带来的效应或期望（见表6.6）.

表 6.6 "蚊子问题"策略

策略	优点	缺点	效应

登革热"元凶"伊蚊成虫
深圳中密度"窝点"(10个)
(2022年9月上半月)

光明区	密度
1. 光明街道和润家园	12.28

龙华区	密度
1. 大浪街道阳台山森林公园	14.74
2. 大浪街道港铁天颂小区	14.43
3. 福城街道观澜民法公园	12.50

龙岗区	密度
1. 横岗街道信义御城	11.11

宝安区	密度
1. 西乡街道西乡公园	12.28
2. 松岗街道江边统建楼（永安花园）	10.34

罗湖区	密度
1. 笋岗街道洪湖公园东门	16.07
2. 黄贝街道东湖公园	12.28
3. 清水河街道金湖山庄	10.53

图 6.19

深圳市伊蚊监测风险评估结果
(2022年9月上半月)

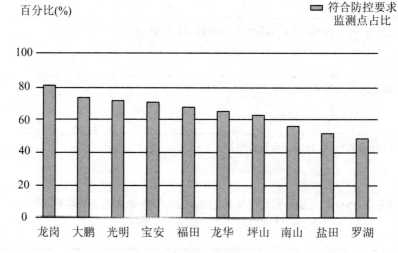

图 6.20

（四）展示结果，成果汇总

1. 陈述解决办法

在该环节开展分组陈述. 一个小组的学生进行方案陈述时，其他小组的学生都有一个共同的标准对其方案给予评价. 同时，教师也可以邀请该问题相关的专家与负责人一起来参与交流、指导.

2. 选择解决方案

综合评估，选择解决方案，同时小组总结与反思，他们在解决问题过程中获得了哪些知识和技能？哪些地方做得好，哪些地方还有待改进. 同时，这种基于认知和元认知角度的反思和讨论，对提高学生的数学建模与逻辑推理等数学核心素养具有重要意义（表6.7）.

表6.7 "蚊子问题"数学建模成果报告表

	成员姓名	分工与贡献
1. 课题组成员		

2. 建模过程和结果（原始问题、基本数据、模型假设、建模过程、计算结果、分析说明）

3. 参考文献（包括电子文献与纸质文献）

4. 成果的自我评价（请说明方法或原理的合理性、特色或创新点、不足之处）

5. 体会（描述感受与收获）

6. 生生评价（团队协作、活动参与等方面）

7. 教师或专家评价（学习态度、活动成果、过程表现、协作精神、特色与创新等方面）

参考文献

[1] 安德森. 布鲁姆教育目标分类学[M]. 北京:外语与教学研究出版社,2019.

[2] 加涅. 教学设计原理[M]. 上海:华东师范大学出版社,2019.

[3] 何小亚. 学与教的心理学[M]. 广州:华南理工大学出版社,2019.

[4] 丁石孙. 人·自然·社会[M]. 北京:北京大学出版社,1988.

[5] 颜士刚,冯友梅,李艺. 素养教育如何落地[J]. 现代远程教育研究,2018(6):21-27.

[6] 熊哲宏. 皮亚杰理论与康德先天范畴体系研究[D]. 上海:华东师范大学,2002.

[7] 陈佑清. "核心素养"研究:新意及意义何在?[J]. 课程·教材·教法,2016,36(12):3-8.

[8] 林崇德. 中国学生发展核心素养[J]. 北京师范大学学报(社会科学版),2017(1):66-73.

[9] 高茂军,王英兰. 核心素养引领下的课堂教学革新[M]. 天津:天津教育出版社,2018.

[10] 史宁中. 数学思想概论[M]. 长春:东北师范大学出版社,2008.

[11] 何小亚. 追求数学素养达成的教学设计标准与案例[J]. 中学数学研究,2019(2):2-8.

[12] 娜仁格勒乐,史宁中. 数学学科核心素养与初中数学内容之间的关系[J]. 东北师范大学学报(哲学社会科学版),2019(6):118-124.

[13] 卢家楣. 学习心理与教学[M]. 上海:上海教育出版社,2016.

[14] 史密斯,雷根. 教学设计[M]. 3版. 庞维国,译. 上海:华东师范大学出版社,2008.

[15] 叶澜. 新编教育学教程[M]. 上海:华东师范大学出版社,1991.

[16] 何克抗.教学系统设计[M].北京:高等教育出版社,2006.

[17] 石熙园.基于PCK内涵视角的初中数学教学设计[J].教育理论与实践,2018,38(35):52-54.

[18] 张爱军.备课专业化[M].北京:北京师范大学出版社,2020.

[19] 杨宏英.融入课程思政元素,丰富数学课程内涵[J].特区教育.2022(5):15-16.

[20] 王策三.认真对待"轻视知识"的教育思潮[J].北京大学教育评论,2004(3):5-23.

[21] 钟启泉,有宝华.认真对待"轻视知识"的教育思潮读后感[J].教育发展研究,2004(10):29.

[22] 舒心心,穆艳杰.试析马克思视野下"完整的人"及其理论意义[J].长春:东北师范大学学报(哲学社会科学版),2014(5):56-83.

[23] 史宁中,王尚志.普通高中数学课程标准解读[M].北京:高等教育出版社,2020.

[24] 皮亚杰.发生认识论原理[M].王宪钿,译.北京:商务印书馆,1981.

[25] 夏雪梅.以学习为中心的课堂观察[M].北京:教育科学出版社,2021.

[26] 格兰特·威金斯,杰夫·麦克泰.理解力培养与课程设计[M].么加利,译.北京:中国轻工业出版社,2003.

[27] 崔允漷.有效教学[M].上海:华东师范大学出版社,2012.

[28] 皮亚杰.发生认识论[M].王宪钿,译.北京:商务印书馆,1981.

[29] 陈羽洁,张义兵,李艺.素养是什么[J].电化教育研究,2021(1):35-41.

[30] 李介.论课堂教学目标的表述[J].龙东学院学报(社会科学版),2004(11):110-112.

[31] Leigh Chiarelott.情境中的课程—课程与教学设计[M].杨明全,译.北京:中国轻工业出版社,2007.

[32] 钟启泉.单元设计:撬动课堂转型的一个支点[J].教育发展研究,2015,35(24):1-5.

[33] 格兰特·威金斯,杰伊·麦克泰格.追求理解的教学设计[M].2版.闫寒冰,译.上海:华东师范大学出版社,2017.

[34] 庞志雷,吴登文.单元教学设计案例:以"基本不等式"为例[J].中学数学教学参考,2020(7):51-54.

[35] 夏雪梅.项目化学习设计[M].北京:教育科学出版社,2018.

[36] 苏嘉欣.数学核心素养的统计项目式学习案例[J].新课程教学,2021(10):1-3.

[37] 崔允漷.课程实施的新取向:基于课程标准的教学[J].教育研究,2009(1):

74-79.

[38] Leigh Chiarelott. 情境中的课程:课程与教学设计[M]. 杨明全,译. 北京:中国轻工业出版社,2007.

[39] 何小亚,姚静. 中学数学教学设计[M]. 3版. 北京:科学出版社,2020.

[40] 杨宏英. 数学概念课教学的信息技术应用:以函数的单调性为例[J]. 中国信息技术教育,2023(1):87-90.

[41] 邵光华,章建跃. 数学概念的分类、特征及其教学探讨[J]. 课程·教材·教法,2009,29(7):47-51.

[42] 鲁娟. 高中数学概念教学策略的探讨[J]. 新课程(中学),2016(12):57.

[43] 罗增儒. 数学概念的教学认识[J]. 中学数学教学参考,2016(4):2-3.

[44] 欧阳慧玲. 广东省教育信息化融合创新应用典型案例探析[J]. 教育信息技术,2021(11):34-37.

[45] 中华人民共和国教育部. 义务教育数学课程标准[M]. 北京:北京师范大学出版社,2022.

[46] 中华人民共和国教育部. 普通高中数学课程标准[M]. 北京:人民教育出版社,2020.

[47] 中华人民共和国教育部. 中等职业学校数学课程标准[M]. 北京:高等教育出版社,2020.

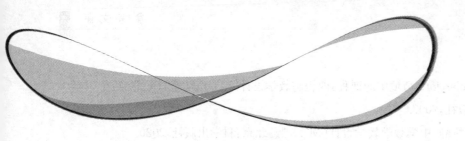

后　记

每一个热爱学生和自己生命的教师,都不会轻视作为生命实践组成的课堂教学,不会忽略备课蕴含的巨大力量,相反,会更加激发自我,备好每一节课,上好每一节课,使每一节课都能实现生命满足的愿望.

特别感谢深圳市育新学校杨焕亮校长的鼎力支持与鼓励,感谢学校教科研中心蔡彦峰主任的指导,感谢深圳大学张兆芹教授提供的指导与帮助,让我在教育教学探索与积淀之际,获得执笔著书的力量与信心.

写作过程中,查阅大量的文献资料,收集并整理相关的教学设计案例,更加深切地体会到,要构建备课新思维,首先要理解学科特点,即理解学科本质、学科结构、思想方法以及学科核心素养的内涵与表现形式;其次理解学生,即理解学生已有的知识经验、认知结构、学习需求与兴趣习惯等;再次理解学习,即理解学习本质、学习过程与学习的内部和外部条件.因此,书稿的撰写过程是对本人学科素养与教育教学水平的一种检验,也是一种教学研究能力的挑战,更是一个促进自我学习、发展与提升的过程.

备课,不只是备教材、将教材视为唯一标尺、单纯依赖教材.当然,反对单纯依赖教材,也并非指抛开教材,而是要融入教材.

当本着"融入教材"的认识进行备课时,选材上"少而精",用材上"简而丰",让课堂脉络清晰,才能由"狭义的备课"跃升到"广义的备课".苏霍姆林斯基在

后　　记

《给教师的建议》中提到一个生动的例子：一位拥有30多年教龄的老教师上了精彩的一课，观摩教师都听得入了迷．课后，当被问及如何准备这节课时，这位老教师说："这节课我准备了一辈子，而且，一般地说，每堂课我都准备了一辈子．但是，直接针对这个课题的准备，仅花了约15分钟．"可见，备课功夫在于平时的积累．

学科核心素养的落地与实施，需要千千万万的一线教师从教育教学理念上改变认知，并将之化为教学实践，这个过程所需要的时间可能不是三两年，而是几十年．是的，一节好课，需要用一辈子去准备．

杜威曾经说过："如果我们仍然用昨天的方式教育今天的孩子，那无疑是剥夺了孩子的明天．"我们正在经历一个百年未有之大变局的时代，未来社会需要怎样的学习者？学习者适应个人终身发展与社会发展需要怎样的能力、怎样的品格、怎样的价值观念？课堂教学中如何做到知识获取、能力提升与品格培养并重？作为为教学这一理性行为做准备的教学设计，应该怎样直面上述问题并给出适切的变革？未来社会需要的学习者不是被动地应对无法预测的变化，而是需要能对未知充满好奇，具有良好的问题分析能力、协作沟通能力、创新能力，敢于质疑与挑战，有自我价值判断、自我决策以及良好的情绪调控力的人．

但是，无论时代如何变化，教育的主题都是为创造美好生活做准备．相应地，教学的使命都是为学生核心素养发展搭建脚手架．教材是同质的，但人是异质的；技术可以标准化，但人是个性化的．经验被创新挑战，固化思维被差异化思维挑战．在核心素养视域下，如何转变教育教学观念，建立适应时代发展的教学观与学习观，对每一个教师，每一门学科而言，都需要在教育教学理论指导下，不断摸索与实践，构建备课新思维，对得起每一堂课以及课堂中的每一个生命．

我从一个刚入职"看山是山"的教学小白，逐渐成长为一名能够跳出"山境"的教师，获得"看山不是山"的能力，皆源于对教学的困惑后，对问题解决策略的探索，通过反思，回归"看山是山"的本质领悟，从"困而知之"到"学而知之"．深刻体会到要求学生像老师或专家一样思考，首先自己要像学生一样思考，才能真正理解学习的本质，有效促进学习的真实发生．

如果您读完本书，能对备课有新的认识与思考，那么本书的意义与价值就有所体现．

愿每一个新时代的教师都能在专业成长的道路上通过备课这个基本路径，脚踏实地，获得长足发展。"心之所向，素履以往"，相信每个教师都能通过努力创造属于自己的不一样的精彩.

由于笔者水平有限，书中疏漏在所难免，还望各位专家同行与读者指正.

杨宏英
2022 年 11 月